Scoprire i Giochi Gratuiti Online

Disponibile Qui:

BestActivityBooks.com/FREEGAMES

5 CONSIGLI PER INIZIARE

1) COME RISOLVERE LE PAROLE INTRECCIATTE

I puzzle hanno un formato classico:

- Le parole sono nascoste senza spazi o trattini,...
- Orientamento: Le parole possono essere scritte in avanti, indietro, verso l'alto, verso il basso o in diagonale (possono essere invertite).
- Le parole possono sovrapporsi o intersecarsi.

2) APPRENDIMENTO ATTIVO

Accanto ad ogni parola c'è uno spazio per scrivere la traduzione. Per incoraggiare l'apprendimento attivo, un **DIZIONARIO** alla fine di questa edizione vi permetterà di controllare e ampliare le vostre conoscenze. Cerca e scrivi le traduzioni, trovale nel puzzle e aggiungile al tuo vocabolario!

3) SEGNARE LE PAROLE

Puoi inventare il tuo sistema di segni. Forse ne usi già uno? Per esempio, puoi segnare le parole difficili da trovare con una croce, le parole preferite con una stella, le parole nuove con un triangolo, le parole rare con un diamante, e così via.

4) STRUTTURARE L'APPRENDIMENTO

Questa edizione offre un **TACCUINO** alla fine del libro. In vacanza, in viaggio o a casa, puoi organizzare facilmente le tue nuove conoscenze senza bisogno di un secondo quaderno!

5) AVETE FINITO TUTTE LE GRIGLIE?

Nelle ultime pagine di questo libro, nella sezione della **SFIDA FINALE**, troverete un gioco gratuito!

Facile e veloce! Dai un'occhiata alla nostra collezione di libri di attività per il tuo prossimo momento di divertimento e **apprendimento,** a portata di clic!

Trova la tua prossima sfida su:

BestActivityBooks.com/MioProssimoLibro

Ai vostri posti, pronti...Via!

Sapevi che ci sono circa 7.000 lingue diverse nel mondo? Le parole sono preziose.

Amiamo le lingue e abbiamo lavorato duramente per creare libri di altissima qualità. I nostri ingredienti?

Una selezione di argomenti adatti all'apprendimento, tre buone porzioni di intrattenimento, una cucchiaiata di parole difficili e una spolverata di parole rare. Li serviamo con amore e entusiasmo in modo che tu possa risolvere i migliori giochi di parole e divertirti imparando!

La vostra opinione è essenziale. Puoi partecipare attivamente al successo di questo libro lasciandoci un commento. Ci piacerebbe sapere cosa ti è piaciuto di più di questa edizione.

Ecco un link veloce alla pagina dell'ordine:

BestBooksActivity.com/Recensione50

Grazie per il vostro aiuto e buon divertimento!

Tutta la squadra

1 - Scacchi

```
У  Л  Щ  Я  В  Х  Ч  О  Р  Н  И  Й  Т  Ш
Ш  Г  Н  Ч  С  Я  Ь  П  Щ  Б  Ґ  Ґ  У  В
І  Е  Т  Ю  Ж  Ю  Т  О  Щ  П  П  Ц  Р  Д
Ж  Щ  П  К  Ж  Ф  Ж  Н  Х  Р  У  І  Н  Ж
У  Ч  К  О  Р  О  Л  Е  В  А  М  І  І  Е
Г  Е  Р  П  Д  С  Л  Н  Ю  В  І  Ц  Р  Р
К  М  Ш  О  А  І  Є  Т  У  И  Б  Т  Г  Т
О  П  Є  Х  З  С  А  А  М  Л  І  І  Р  В
Н  І  М  Г  Ж  У  И  Г  Р  А  Л  Е  А  У
К  О  Р  О  Л  Ь  М  В  О  Н  И  П  В  В
У  Н  Ч  А  С  К  Ж  Н  Н  Н  Й  Ч  Е  А
Р  Ф  Т  Ь  Ш  Ь  К  Б  И  И  А  Е  Ц  Т
С  П  Р  О  Б  Л  Е  М  И  Й  Й  Л  Ь  И
С  Т  Р  А  Т  Е  Г  І  Я  Щ  Н  М  Ь  Ш
```

ОПОНЕНТ	ПАСИВНИЙ
БІЛИЙ	КОРОЛЬ
ЧЕМПІОН	КОРОЛЕВА
КОНКУРС	ПРАВИЛА
ДІАГОНАЛЬ	ЖЕРТВУВАТИ
ГРАВЕЦЬ	ПРОБЛЕМИ
ГРА	СТРАТЕГІЯ
РОЗУМНИЙ	ЧАС
ЧОРНИЙ	ТУРНІР

2 - Aggettivi #2

```
Ц  І  К  А  В  И  Й  Щ  Г  Г  С  А  П  Е
Н  О  В  И  Й  Д  Є  Щ  О  М  У  Л  Р  Л
С  О  Л  О  Д  К  И  Й  Р  Ш  Х  А  И  Е
Х  Ш  Ч  Х  Г  О  Л  О  Д  Н  И  Й  Р  Г
Щ  Ш  Т  С  О  Л  О  Н  И  Й  Й  Х  О  А
Ж  Ц  В  І  Д  О  М  И  Й  Ф  О  Ц  Д  Н
Д  Р  А  М  А  Т  И  Ч  Н  І  П  Е  Н  Т
П  Р  О  Д  У  К  Т  И  В  Н  И  Й  И  Н
И  У  Ж  М  І  В  Ч  С  Г  Ж  С  И  Й  И
Ц  Ц  П  Б  Н  Ф  О  Т  Н  А  И  Г  Ю  Й
Т  В  О  Р  Ч  И  Й  И  О  А  Р  В  Ь  Т
С  И  Л  Ь  Н  И  Й  Й  В  І  Щ  Я  Ж  М
Ж  Л  У  П  О  П  И  С  О  В  И  Й  Ч  С
С  П  Р  А  В  Ж  Н  І  М  А  Ф  О  Ч  Е
```

ГОЛОДНИЙ	ВІДОМИЙ
СУХИЙ	СИЛЬНИЙ
СПРАВЖНІМ	ЦІКАВИЙ
ГАРЯЧЕ	ПРИРОДНИЙ
ТВОРЧИЙ	НОВИЙ
ОПИСОВИЙ	ГОРДИЙ
СОЛОДКИЙ	ПРОДУКТИВНИЙ
ДРАМАТИЧНІ	ЧИСТИЙ
ЕЛЕГАНТНИЙ	СОЛОНИЙ

3 - Mobili

```
К  Б  Щ  Ч  І  Ф  Л  Д  С  Г  П  П  Ж  Л
Р  Н  Ю  У  Н  У  М  Є  Т  Ш  І  Ч  М  К
І  П  И  Р  В  Т  У  Д  И  В  А  Н  А  Ш
С  О  О  Ж  О  О  Ч  З  Ю  Щ  Ж  Я  Т  І
Л  Д  М  Л  К  Н  К  Е  Я  Є  Л  Ґ  Р  Т
О  У  Ф  А  И  О  Ц  Р  Ю  Ш  Щ  Є  А  Ш
Я  Ш  Б  В  Я  Ц  В  К  Ж  Г  Н  Ь  Ц  А
Б  К  Є  А  И  О  І  А  Ж  А  Т  Ь  С  М
І  И  Л  А  М  П  А  Л  Ш  М  М  Е  Е  Д
О  Д  І  Ч  Я  М  Ш  О  А  А  Н  Е  Л  М
У  Д  Ж  К  И  Л  И  М  О  К  Ф  О  С  В
Я  Ш  К  Є  Б  Ф  П  И  К  Т  Ю  А  Л  И
Ь  П  О  Д  У  Ш  К  А  Ш  Т  О  Р  И  Ш
М  О  Б  В  А  Б  К  Ч  Ч  А  Ґ  П  Б  Г
```

ГАМАК	МАТРАЦ
ПОДУШКИ	ЛАВА
ПОДУШКА	ПОЛИЦІ
ДИВАН	БЮРО
ФУТОН	КРІСЛО
ЛАМПА	ДЗЕРКАЛО
ЛІЖКО	КИЛИМОК
КНИЖКОВА ШАФА	ШТОРИ

4 - Pesca

```
О П Е Р Е Б І Л Ь Ш Е Н Н Я
Ж З О К Е А Н Ж Д Щ Д Д Я Х
Ю М Е О В П Т М А Е П Р С Ь
А Ь Ц Р П Р Ж Е І Л К І І Щ
М Б Г Г О И К Ч Р Е Б Ч К Т
К У Х А Р Н О Ю Д П Р К И Р
З Я Б Р А А Ш В Е А І А П Я
В А Г А Ц Д И Ь П Є А Н Е О
Ч О В Е Н А К С Е З О Н Н Ґ
А Ю Ь О П П Н Ь Б Б Є В Р Я
В О Д А В Л Р Є Ю М Є М І Ч
Ю Ц Н Ю Р Я Г А К Ж Ю В П Р
Д Щ Р Є І Ж Р В П Ч К Ґ Ж У
В Щ Г І О Б Л А Д Н А Н Н Я
```

ВОДА	РІЧКА
ОБЛАДНАННЯ	ГАК
ЧОВЕН	ОЗЕРО
ЗЯБРА	ЩЕЛЕПА
КОШИК	ОКЕАН
КУХАР	ТЕРПІННЯ
ПЕРЕБІЛЬШЕННЯ	ВАГА
ПРИНАДА	ПЛЯЖ
ДРІТ	СЕЗОН

5 - Aggettivi #1

С	Ц	Ґ	Л	Є	Ь	В	А	Ж	К	И	Й	Щ	С
Г	Я	Щ	Р	Х	Ю	Ґ	М	Я	Б	Д	К	Е	Б
Н	И	Ь	І	Ф	У	Ж	Б	М	Ш	Ц	В	Д	Ь
Х	Н	Я	Г	И	П	Ц	І	Н	Н	И	Й	Р	А
І	А	Б	С	О	Л	Ю	Т	Н	И	Й	Ю	И	Р
П	Д	О	В	Г	И	Й	Н	Т	Т	Ч	В	Й	О
Є	У	Е	Ф	Я	В	Х	І	С	Ч	Ь	Е	Х	М
Ч	Е	С	Н	И	Й	А	Л	Ж	Ч	Ч	Л	У	А
Ф	І	А	С	Т	Г	І	Ж	Ф	Ц	Ж	И	Д	Т
Р	Ф	О	Ш	Ш	И	Б	Ц	Л	С	К	К	О	И
Т	О	Н	К	И	Й	Ч	Ж	Е	И	Щ	И	Ж	Ч
Е	К	З	О	Т	И	Ч	Н	І	У	В	Й	Н	Н
С	У	Ч	А	С	Н	И	Й	И	С	Е	И	І	И
М	О	Л	О	Д	И	Й	Ґ	О	Й	Д	Ь	Й	Й

АМБІТНІ	ІДЕНТИЧНИЙ
АРОМАТИЧНИЙ	ВАЖЛИВИЙ
ХУДОЖНІЙ	ДОВГИЙ
АБСОЛЮТНИЙ	СУЧАСНИЙ
ЕКЗОТИЧНІ	ЧЕСНИЙ
ЩЕДРИЙ	ВАЖКИЙ
МОЛОДИЙ	ЦІННИЙ
ВЕЛИКИЙ	ТОНКИЙ

6 - Geologia

Р	К	П	Л	Л	З	Ф	Ю	П	Н	У	Л	Ч	К
Щ	Є	А	М	І	Н	Е	Р	А	Л	И	Б	Ц	А
П	Є	Ш	М	І	Ж	И	М	Я	Ж	Т	Ю	И	Л
Г	Ґ	П	Ь	І	Х	К	П	Л	А	Т	О	Щ	Ь
І	Д	Ф	К	О	Н	Т	И	Н	Е	Н	Т	Ш	Ц
П	Е	Ч	Е	Р	А	Ь	Ю	Х	К	Т	Г	А	І
К	О	Р	А	Л	О	В	И	Й	Р	Ж	Р	Р	Й
И	В	И	К	О	П	Н	И	Й	И	Г	С	У	У
С	Т	А	Л	А	К	Т	И	Т	С	Е	І	Ш	С
Л	Ґ	Е	Р	О	З	І	Я	Ф	Т	Й	Л	Ґ	М
О	Т	У	Щ	Ц	Ь	Ж	Х	П	А	З	Ь	Л	О
Т	В	У	Л	К	А	Н	Ь	М	Л	Е	Ц	А	Х
А	П	Т	Е	Г	Ф	Б	Т	И	И	Р	Д	В	Х
С	Т	А	Л	А	Г	М	І	Т	И	Б	У	А	В

КИСЛОТА
ПЛАТО
КАЛЬЦІЙ
ПЕЧЕРА
КОНТИНЕНТ
КОРАЛОВИЙ
КРИСТАЛИ
ЕРОЗІЯ
ВИКОПНИЙ
ГЕЙЗЕР

ЛАВА
МІНЕРАЛИ
КАМІНЬ
КВАРЦ
СІЛЬ
СТАЛАГМІТИ
СТАЛАКТИТ
ШАР
ЗЕМЛЕТРУС
ВУЛКАН

7 - Campeggio

```
Ч Н Ф Л К А Б І Н А Ц М В Н
П Р И Р О Д А Г С Р С І О Д
О О Б М М А К М О Т І С Г В
Л Ф Ч Ф А Б Г А Ж Р Х Я О С
Ю Л М У Х Д А Л Н Х А Ц Н П
В К І Р А М М Д Ґ О Ь Ь Ш
А О Ф С Т В А Р И Н Е М Ч К
Н М Х В В Ш К П Р И Г О Д А
Н П Ч Ч О Н А М Е Т Д Т Х П
Я А Е Г Я Р Р Ч Г М С У О Е
Е С Є Є Н А Т С М П В З З Л
Ь С Е Ц Н И А К Ч Є Ь К Е Ю
Ь Ж Я Д Б Д Е Р Е В А А Р Х
В Е С Е Л О Щ І М Х У У О Ф
```

ДЕРЕВА	ВЕСЕЛОЩІ
ГАМАК	ЛІС
ТВАРИН	ВОГОНЬ
ПРИГОДА	КОМАХА
КОМПАС	ОЗЕРО
КАБІНА	МІСЯЦЬ
ПОЛЮВАННЯ	КАРТА
КАНОЕ	ГОРА
КАПЕЛЮХ	ПРИРОДА
МОТУЗКА	НАМЕТ

8 - Arti Visive

П	В	Ь	І	Я	М	Ф	Ц	У	Е	М	Ш	Т	О
Е	О	П	Б	Ж	О	О	І	Ь	И	Ь	Ш	Р	Л
Р	Ф	Р	Ж	Ф	Л	Ю	Ш	Л	А	Х	Е	А	І
С	О	Ч	Т	Ь	Ь	Г	Е	Ь	Ь	А	Д	Ф	В
П	Т	Є	Є	Р	Б	М	Р	Ж	А	М	Е	А	Е
Е	О	Х	С	Ч	Е	Р	У	Ч	К	А	В	Р	Ц
К	Г	К	У	Т	Р	Т	Д	Ґ	Ч	Ж	Р	Е	Ь
Т	Р	Р	У	Д	Т	В	О	Р	Ч	І	С	Т	Ь
И	А	Е	Ф	У	О	Є	Р	Г	В	І	С	К	Г
В	Ф	Й	Щ	Ш	Ь	Ж	П	Ґ	Е	Р	К	Ф	Е
А	І	Д	Є	В	С	Б	Н	Ч	Р	Ф	Л	Д	Ь
Д	Я	А	Г	Л	И	Н	А	И	Ь	Щ	А	Ю	Є
К	Е	Р	А	М	І	К	А	Х	К	Ч	Д	Є	Ф
Ю	А	Р	Х	І	Т	Е	К	Т	У	Р	А	Я	Я

АРХІТЕКТУРА
ГЛИНА
ХУДОЖНИК
ШЕДЕВР
МОЛЬБЕРТ
ВІСК
КЕРАМІКА
СКЛАД
ТВОРЧІСТЬ

ФІЛЬМ
ФОТОГРАФІЯ
КРЕЙДА
ОЛІВЕЦЬ
РУЧКА
ПЕРСПЕКТИВА
ПОРТРЕТ
ТРАФАРЕТ

9 - Tempo

```
К А Л Е Н Д А Р А С Ю Л Б М
М А Й Б У Т Н Є Ж Ь П Ґ Ш П
С Г О Д И Н Н И К О П Т К С
Т Ц Г Е О Є О А Ш Г Б Х Ґ Б
О Ж Д С Л С Ь Ж В О Ш Н Ц Д
Л Х Е Я В Е Ч Ф С Д Ж В І Ґ
І В Н Т И М В А Ш Н Р І К Ч
Т И Ь И П Т Ч Ґ П І А Є Д Г
Т Л М Л Н Щ О Р І Ч Н И Й О
Я И Л І Т Ґ Р Ш С К О Р О Д
В Н Ю Т С Ц А Ш Л Т К Ш С И
Л А Д Т У Я Ж С Я О Є Ш В Н
У Ю Х Я У Д Ц А Ц Є Ц Ж С А
П О Л У Д Е Н Ь Т Х Р Б Т І
```

РІК	ПОЛУДЕНЬ
ЩОРІЧНИЙ	ХВИЛИНА
КАЛЕНДАР	НІЧ
ДЕСЯТИЛІТТЯ	СЬОГОДНІ
ПІСЛЯ	ГОДИНА
МАЙБУТНЄ	ГОДИННИК
ДЕНЬ	СКОРО
ВЧОРА	ДО
РАНОК	СТОЛІТТЯ
МІСЯЦЬ	

10 - Autunno

```
Л Є П С М П О Ж Е Ж Б Ь Ф М
Я И Ґ Р Х Ж Р О Ґ П У Є Е І
М Ж С Г Д У А И А О П К С Г
І О Б Т Т С Е Щ Р В А Л Т Р
С Л Р Щ Я В Ж Б Ч О Ґ І И А
Я У І О Ь Н У Ф У С Д М В Ц
Ц Д В М З М И Х Д Е Е А А І
І Ь Н Ґ Ю Ш Б Й Л З Р Т Л Я
Г Ц О Л Б О Д Я Г О П Е Ь Д
В Л Д М Х Л Е Б Щ Н О Є С У
Г Б Е Ю Ю Ш Т Л Ґ Н Г Л Ь Ф
М Т Н Т Р В П У И И О Д Ц Ь
Ф Ґ Н А Щ Ц О К Г Й Д Ж Т Д
Ж Л Я Я К М К А Ш Т А Н И Я
```

ОДЯГ
КАШТАНИ
КЛІМАТ
ЛИСТЯНИЙ
РІВНОДЕННЯ
ФЕСТИВАЛЬ
МОРОЗ
ЖОЛУДЬ

ПОЖЕЖ
ЯБЛУКА
МІСЯЦІ
ПОГОДА
МІГРАЦІЯ
ПРИРОДА
СЕЗОННИЙ

11 - Astronomia

```
П С О Ч Щ Л С А О Г М О А И
Р Л Ю А Є Т У С Г А Е Б С Д
І А А Ґ Е Ю З Т К Л Т С Т А
К К К Н Ч Ф І Р З А Е Е Р С
В О М Е Е С Р О Е К О Р О Т
С С С Ч Т Т Я Н М Т Р В Н Е
Е Е І М Ь А А А Л И М А О Р
С Д Я І О Б Л В Я К Л Т М О
В Ґ С С Б С Щ Т Л А О О К Ї
І Ч Я Я Е Д Ч Н Е Б О Р В Д
Т Ц Х Ц П Р А Д І А Ц І Я Ч
С Ж Д Ь Н А Д Н О В А Я Т Х
Т У М А Н Н І С Т Ь П Б Ь Ч
Б Г П А Х В Т Е Л Е С К О П
```

АСТЕРОЇД	ТУМАННІСТЬ
АСТРОНАВТ	ОБСЕРВАТОРІЯ
АСТРОНОМ	ПЛАНЕТА
НЕБО	РАДІАЦІЯ
КОСМОС	РАКЕТА
СУЗІР'Я	НАДНОВА
ГАЛАКТИКА	ТЕЛЕСКОП
МІСЯЦЬ	ЗЕМЛЯ
МЕТЕОР	ВСЕСВІТ

12 - Circo

А	Ж	Х	Е	І	І	І	Щ	Я	Я	Ф	Б	Я	Ч
Ж	К	О	С	Т	Ю	М	М	Л	Ґ	Т	Ґ	И	Є
О	Е	Р	Л	Ю	М	В	У	Е	Л	Т	О	К	Н
Н	К	А	О	Г	Р	О	З	В	А	Ж	А	Т	И
Г	І	В	Н	Б	Ч	И	И	М	Ц	С	Н	В	Ф
Л	І	Г	И	Н	А	Т	К	А	У	О	А	А	Е
Е	У	С	Б	Т	Р	Т	А	Г	К	О	М	Р	Д
Р	Г	В	У	О	О	Р	А	І	Е	Е	Е	И	Т
Ж	Л	Ю	С	Ю	І	К	Р	Я	Р	Ю	Т	Н	Х
А	Я	Ш	Д	Щ	П	І	Л	Х	К	Д	Т	Щ	Х
Ф	Д	К	К	Ґ	А	Д	Л	О	И	І	И	Ш	В
М	А	В	П	А	Р	Б	О	А	У	Х	Г	Ґ	Б
А	Ч	П	О	К	А	З	А	Т	И	Н	Р	Ц	К
Г	М	І	Ч	Ш	Д	Л	Ф	Ж	А	Т	И	Б	А

АКРОБАТ
ТВАРИН
КВИТОК
ЦУКЕРКИ
КЛОУН
КОСТЮМ
СЛОН
ЖОНГЛЕР
РОЗВАЖАТИ
ЛЕВ

МАГІЯ
МАГ
ПОКАЗАТИ
МУЗИКА
ПАРАД
МАВПА
ГЛЯДАЧ
НАМЕТ
ТИГР

13 - Mitologia

```
С  М  Е  Р  Т  Н  И  Й  Я  О  І  Б  М  Ґ
Ч  А  Р  І  В  Н  И  Й  Т  Т  С  О  О  Ь
Ч  С  Т  В  О  Р  Е  Н  Н  Я  Т  Ж  Н  Щ
Л  А  Б  І  Р  И  Н  Т  Ц  Д  О  Е  С  Х
А  Р  Х  Е  Т  И  П  Б  Л  М  Т  С  Т  Д
П  О  В  Е  Д  І  Н  К  А  И  А  Т  Р  К
А  Н  Щ  У  В  Б  Л  И  С  К  А  В  К  А
К  У  Л  Ь  Т  У  Р  А  К  Г  Б  А  П  Р
Ф  Н  Н  В  І  Б  Е  З  С  М  Е  Р  Т  Я
А  С  Г  Ц  В  Ц  В  Л  Е  Г  Е  Н  Д  А
С  Г  Е  Р  О  Й  Н  Ю  И  И  Н  К  Ч  Ь
И  Р  Р  Ф  Ї  Ж  О  Б  Р  Х  Щ  Л  Г  І
Л  І  П  Л  Н  Є  Щ  Г  М  И  О  Ш  Ж  У
А  М  Д  Ф  Е  М  І  П  О  М  С  Т  А  Ч
```

АРХЕТИП	РЕВНОЩІ
ПОВЕДІНКА	ВОЇН
ІСТОТА	БЕЗСМЕРТЯ
СТВОРЕННЯ	ЛАБІРИНТ
КУЛЬТУРА	ЛЕГЕНДА
ЛИХО	ЧАРІВНИЙ
БОЖЕСТВА	СМЕРТНИЙ
ГЕРОЙ	МОНСТР
СИЛА	ГРІМ
БЛИСКАВКА	ПОМСТА

14 - Piante

```
П С А Д Б О Т А Н І К А О М
Л Я П Е Л Ю С Т К А К У Щ Ф
Ю О Щ Р Р І Ж Я Б А М Б У К
Щ Ґ Д Е А О С Ш Г М О Х Щ В
Ф М Ф В Ф Г С Д Ч О Ю У Ж А
Н Ф Л О Р А С Т Е В Д Ю К С
Д О Б Р И В О К И Ґ Л А В О
Т Р А В А Д Е О Е Ґ Н Ж І Л
К А К Т У С С Р Н Л И С Т Я
І К У К Ж В В І І Х Х Е К Я
У Р О С Л И Н Н І С Т Ь А Ж
Ь Р И Ж У Н Ж Ь А Щ С Ж Ж Д
Н П Щ Б Р И Б П У Я А Х Т Ц
Ь Р Ч Г Є Г Л Ь Ж Р К Ь І К
```

ДЕРЕВО	ДОБРИВО
ЯГОДА	КВІТКА
БАМБУК	ФЛОРА
БОТАНІКА	ЛИСТЯ
КАКТУС	ЛІС
КУЩ	САД
РОСТИ	МОХ
ПЛЮЩ	ПЕЛЮСТКА
ТРАВА	КОРІНЬ
КВАСОЛЯ	РОСЛИННІСТЬ

15 - Spezie

С	А	Г	В	А	Н	І	Л	І	М	Б	И	Р	Г
В	І	Ц	Е	Н	М	Ш	Д	Ш	Ж	Ф	О	В	Я
М	І	Л	Г	І	Р	К	И	Й	А	К	Ж	Ш	Б
В	Ь	М	Ь	С	М	О	Л	Е	Є	Ф	Ж	Я	М
Ч	К	А	Р	Р	І	Р	Б	Д	Д	Ш	Р	В	Р
В	А	П	А	П	Р	И	К	А	Ц	Ц	Х	А	Л
І	Х	С	Ш	Х	В	Ц	И	Б	У	Л	Я	І	Н
Л	С	Х	Н	П	И	Я	С	О	Л	О	Д	К	А
Е	В	Н	Е	И	Я	Я	Ц	А	Р	О	М	А	Т
Н	Г	Р	О	В	К	К	А	Р	Д	А	М	О	Н
К	М	И	Н	П	Е	Р	Е	Ц	Ь	Е	Ю	О	Щ
С	О	Л	О	Д	К	И	Й	Г	Ж	Г	Ф	П	Х
К	У	Р	К	У	М	А	Ф	Е	Н	Х	Е	Л	Ь
К	О	Р	І	А	Н	Д	Р	А	Б	Е	В	А	Р

ЧАСНИК
ГІРКИЙ
АНІС
КОРИЦЯ
КАРДАМОН
ЦИБУЛЯ
КОРІАНДР
КМИН
КУРКУМА
КАРРІ

СОЛОДКИЙ
ФЕНХЕЛЬ
АРОМАТ
СОЛОДКА
ПАПРИКА
ПЕРЕЦЬ
СІЛЬ
ВАНІЛІ
ШАФРАН
ІМБИР

16 - Numeri

```
П Ч О Т И Р И С Ф Б Ж Д В А
Ч Я Х Ю М В Ш І С Т Ь Е М В
О О Т Щ Р Д Ж М Р Е Н В Ф І
Т Ґ Ж Ь Ч Т Т Н Е Н П Я Я С
И Д Е В Я Т Ь А Т Д Д Т Т І
Р Л Щ І Ш Б Ґ Д Р В Е Н Р М
Н Д М С П А Є Ц И А С А И Н
А Л О І Е Я А Я Н Н Я Д Н А
Д Н Ж М Ц Ь Ж Т У А Т Ц А Д
Ц Д Е С Я Т Ь Ь Л Д К Я Д Ц
Я Е Л Я І Ґ С Ю Ь Ц О Т Ц Я
Т Х О У И М К У А Я В Ь Я Т
Ь Д В А Д Ц Я Т Ь Т И Ш Т Ь
П Я Т Н А Д Ц Я Т Ь Й С Ь У
```

П'ЯТЬ	ЧОТИРНАДЦЯТЬ
ДЕСЯТКОВИЙ	ЧОТИРИ
ДЕВ'ЯТНАДЦЯТЬ	П'ЯТНАДЦЯТЬ
СІМНАДЦЯТЬ	ШІСТЬ
ВІСІМНАДЦЯТЬ	СІМ
ДЕСЯТЬ	ТРИ
ДВАНАДЦЯТЬ	ТРИНАДЦЯТЬ
ДВА	ДВАДЦЯТЬ
ДЕВ'ЯТЬ	НУЛЬ
ВІСІМ	

17 - Cioccolato

```
Р  А  Ґ  Є  Ч  П  П  К  А  С  М  Щ  Ж  С
Е  Я  Р  Є  Б  Ж  О  А  Ф  М  А  Щ  Щ  Р
Ц  К  К  О  Ь  Ґ  Н  Р  Т  А  Н  Г  Х  Е
Е  У  А  Б  М  Ф  А  А  О  К  Т  Ж  К  К
П  Л  К  Л  Х  А  И  М  Г  Ш  И  А  О  З
Т  Ю  А  Е  О  Г  Т  Е  І  Ц  О  Я  К  О
Ь  Б  О  А  Х  Р  Ф  Л  Р  У  К  К  О  Т
Ш  Л  А  Ь  А  В  І  Ь  К  К  С  І  С  И
П  Е  Ц  У  К  О  Р  Й  И  Е  И  С  О  Ч
Ґ  Н  А  Р  А  Х  І  С  Й  Р  Д  Т  Ц  Н
И  И  С  М  А  Ч  Н  И  Й  К  А  Ь  Д  І
Д  Й  Б  Ь  Л  Я  Н  Ч  Е  И  Н  И  І  Т
С  О  Л  О  Д  К  И  Й  О  Ґ  Т  А  Л  М
І  Н  Г  Р  Е  Д  І  Є  Н  Т  Ю  Ю  Ц  Г
```

ГІРКИЙ	СМАК
АНТИОКСИДАНТ	АРОМАТ
АРАХІС	ІНГРЕДІЄНТ
КАКАО	КОКОС
КАЛОРІЙ	ПОРОШОК
ЦУКЕРКИ	УЛЮБЛЕНИЙ
КАРАМЕЛЬ	ЯКІСТЬ
СМАЧНИЙ	РЕЦЕПТ
СОЛОДКИЙ	ЦУКОР
ЕКЗОТИЧНІ	

18 - Guida

Ш	Т	У	Н	Е	Л	Ь	І	Р	В	Ш	М	Г	Б
В	Ж	Р	Д	Т	Р	А	Ф	І	К	С	Г	А	З
И	Ґ	К	А	В	А	Р	І	Я	Х	Ь	Я	Л	Е
Д	Г	О	В	Н	И	Ю	М	Е	К	П	Н	Ь	Л
К	А	Р	Т	А	С	М	О	Ц	С	О	Е	М	І
І	Р	Х	О	В	І	П	И	Г	К	Л	Б	А	Ц
С	А	Г	М	Ч	Ш	І	О	Ж	В	І	Е	В	Е
Т	Ж	Г	О	Щ	Ж	Ш	Ц	Р	Ч	Ц	З	Т	Н
Ь	К	И	Б	Ч	П	О	Я	Я	Т	І	П	О	З
Ґ	І	Ц	І	Ґ	Т	Х	Ш	Ц	Ф	Я	Е	Б	І
У	Х	Л	Л	А	А	І	Щ	Х	Р	Ч	К	У	Я
Ш	Ж	І	Ь	А	С	Д	О	Р	О	Г	А	С	Ш
М	О	Т	О	Ц	И	К	Л	М	О	Т	О	Р	С
О	Б	Е	З	П	Е	К	А	П	А	Л	И	В	О

АВТОМОБІЛЬ	МОТОР
АВТОБУС	ПІШОХІД
ПАЛИВО	НЕБЕЗПЕКА
ГАЛЬМА	ПОЛІЦІЯ
ГАРАЖ	БЕЗПЕКА
ГАЗ	ДОРОГА
АВАРІЯ	ТРАФІК
ЛІЦЕНЗІЯ	ТРАНСПОРТ
КАРТА	ТУНЕЛЬ
МОТОЦИКЛ	ШВИДКІСТЬ

19 - Sport

```
Р У Х Ч Б С И Л Ґ Б Б В П І
С Ю О Т А Д У Г Ц Р Е Е Л Щ
П Я К Х С П Ш Д В Л Й Л А М
О А Е А К И Є Б Д Ґ С О В А
Р Ч Й Г Е Г К Ш Ю Я Б С А Т
Т Е Ч І Т О О Ф О Ж О И Т Я
С М Л М Б Л П Ч Л Д Л П И О
М П Н Н О Ь К Г Р А В Е Ц Ь
Е І І А Л Ф О Ш Р Б У Д Ф І
Н О Д З Г І М Н А С Т И К А
П Н Ь І Ж Е А С Т А Д І О Н
Д А С Я Г О Н Г Б А Б Т Н Ш
Х Т Е Н І С Д Т Р Е Н Е Р Н
Р Ґ К И К К А Т Р А Х М Х Ж
```

ТРЕНЕР	ГРА
СУДДЯ	ГОЛЬФ
СПОРТСМЕН	ХОКЕЙ
БЕЙСБОЛ	РУХ
БАСКЕТБОЛ	ПЛАВАТИ
ВЕЛОСИПЕД	ГІМНАЗІЯ
ЧЕМПІОНАТ	КОМАНДА
ГІМНАСТИКА	СТАДІОН
ГРАВЕЦЬ	ТЕНІС

20 - Giocattoli

```
В Е Л О С И П Е Д Г Л И Н А
В А Я Ж Д Т К Ф Л Ш Ч Г О У
Р А Ж Я Ґ Ш Н А Е Н П О Ґ Л
Е Я Н Л А М И Р Р Ж Л Л Ю Ю
М Н Ц Т Ш Ш Г Б Щ С І О Є Б
Е Х Л Ш А Х И И У Н Т В Л Л
С У Р А Ф Ж Ю Ґ Ц Я А О П Е
Л Я Л Ь К А І Г Р И К Л О Н
А В Є М Ю Ч О В Е Н М О Ї И
А А Д Ґ Б Н Р Ю К Я Я М З Й
Б В Д Н Л Ч О У Р А Ч К Д Д
А В Т О М О Б І Л Ь Ж А П Щ
С Ж Щ Ь Я Щ О Ц К П Ц Ч П Щ
Г Г Д В Ш П Т І Н Ю И І Н Є
```

ЛІТАК	УЯВА
ГЛИНА	КНИГИ
РЕМЕСЛА	М'ЯЧ
АВТОМОБІЛЬ	УЛЮБЛЕНИЙ
ЛЯЛЬКА	ГОЛОВОЛОМКА
ЧОВЕН	РОБОТ
ВЕЛОСИПЕД	ШАХИ
ВАНТАЖІВКА	ПОЇЗД
ІГРИ	ФАРБИ

21 - Uccelli

Т	У	К	А	Н	Г	К	С	Х	М	Ґ	І	Ю	Ч
П	А	П	У	Г	А	О	Т	Ч	У	И	Р	Ґ	А
А	М	Л	М	Ґ	Г	Р	Р	Ґ	М	Р	Є	Ч	П
В	Ь	М	Е	И	Ґ	Е	А	О	Ц	Ш	Ц	А	Л
И	И	Г	Я	Л	Щ	Л	У	Ч	Б	П	Я	Й	Я
Ч	Я	А	В	Г	Е	Л	С	Ґ	С	Е	Й	К	Г
Ф	Г	О	Л	У	Б	К	А	Ф	Ч	Л	Ц	А	У
Ц	Л	К	У	Р	К	А	А	Л	П	І	Е	Ь	С
Ж	Е	А	З	О	З	У	Л	Я	І	К	И	Е	К
Т	Б	Ч	М	Я	Т	Ш	А	С	Н	А	Т	А	А
О	І	К	Л	І	Ю	Ж	Х	Т	Г	Н	Е	Ц	С
Г	Д	А	В	О	Н	О	Є	Р	В	Х	У	И	Ж
Д	К	Л	Ґ	Л	М	Г	Х	У	І	Г	Л	Щ	М
К	А	А	Ь	П	Р	И	О	Б	Н	Б	Ж	Ц	Ш

ЧАПЛЯ	ПАПУГА
КАЧКА	ГОРОБЕЦЬ
ОРЕЛ	ПАВИЧ
ЛЕЛЕКА	ПЕЛІКАН
ЛЕБІДКА	ГОЛУБ
ЗОЗУЛЯ	ПІНГВІН
ЯСТРУБ	КУРКА
ФЛАМІНГО	СТРАУС
ЧАЙКА	ТУКАН
ГУСКА	ЯЙЦЕ

22 - Giorni e Mesi

```
С  В  І  В  Т  О  Р  О  К  Я  Л  Ж  М  Е
Ю  У  К  И  Ф  Л  Е  С  С  Х  Х  О  І  К
В  М  Б  Л  Х  Р  Ю  Е  Щ  Ш  Ю  В  С  А
Ю  Г  Ю  О  А  Ю  Л  Т  О  Л  Ф  Т  Я  Л
Т  Р  М  П  Т  Е  Х  И  И  Д  У  Е  Ц  Е
И  С  Ц  Я  Б  А  Ч  О  П  Й  П  Н  Ь  Н
Ж  І  Г  Р  У  Д  Е  Н  Ь  Е  О  Ь  К  Д
Д  Ч  Д  К  С  Е  Р  Е  Д  А  Н  Ц  В  А
Е  Е  Л  С  П  П  В  С  Щ  В  Е  Ь  І  Р
Н  Н  Ь  А  И  В  Е  С  М  Ш  Д  И  Т  Т
Ь  Ь  Ц  Щ  Ш  Ц  Н  Ф  Ж  А  І  И  Е  Ф
С  Е  Р  П  Е  Н  Ь  М  Г  Е  Л  П  Н  У
Л  И  С  Т  О  П  А  Д  М  В  О  А  Ь  С
Н  Е  Д  І  Л  Я  К  Ц  Л  П  К  Р  І  К
```

СЕРПЕНЬ	ЛИПЕНЬ
РІК	ПОНЕДІЛОК
КВІТЕНЬ	ВІВТОРОК
КАЛЕНДАР	СЕРЕДА
ГРУДЕНЬ	МІСЯЦЬ
НЕДІЛЯ	ЛИСТОПАД
ЛЮТИЙ	ЖОВТЕНЬ
СІЧЕНЬ	СУБОТА
ЧЕРВЕНЬ	ТИЖДЕНЬ

23 - Casa

А	Д	Г	Г	П	А	Р	К	А	Н	Ф	П	Я	Д
О	В	С	А	Ґ	Ф	Ф	А	П	К	І	О	Д	З
Ґ	Е	С	А	Р	А	Р	М	М	П	Р	В	У	Е
У	Р	О	Р	Д	А	А	І	Д	Г	О	Е	Ш	Р
Л	І	У	Л	Л	С	Ж	Н	А	К	Ь	Р	Ц	К
С	Т	Е	Л	Я	Б	И	С	Х	Р	У	Х	Е	А
Г	К	У	Ж	Є	Л	А	М	П	А	Т	Х	И	Л
О	І	Ґ	В	І	К	Н	О	И	Н	К	Н	Н	О
Р	М	І	Т	Л	А	С	Т	І	Н	А	Ь	Щ	Я
И	Н	К	И	Л	И	М	О	К	И	Ц	О	Ф	Б
Щ	А	Б	І	Б	Л	І	О	Т	Е	К	А	Ю	А
Е	Т	В	О	Ґ	Д	Ь	Щ	Є	Х	В	И	Т	Ф
Р	А	Р	Д	Ь	У	А	Р	С	Ь	В	Ж	С	С
Р	Ь	Н	О	Ц	Р	И	Ф	Л	Ж	Б	М	У	У

ГОРИЩЕ	СТІНА
БІБЛІОТЕКА	ПОВЕРХ
КІМНАТА	ДВЕРІ
КАМІН	ПАРКАН
КУХНЯ	КРАН
ДУШ	МІТЛА
ВІКНО	СТЕЛЯ
ГАРАЖ	ДЗЕРКАЛО
САД	КИЛИМОК
ЛАМПА	ДАХ

24 - Ristorante #1

```
Б К А В А К Я І Ц М Е Н Ю О
С Р Г Х Х Ю У Я А Я К І Щ Ф
Е Н О І П И Р Х Ґ С Ї Ж А І
Р Т С Н Б Ж Ю Л Н О Т А У Ц
В Ь Т Г Ю Ю Р І Щ Я А Г С І
Е Ф Р Р Н В К Б П Ч Р Г П А
Т И И Е А Ч А Ш А Г І Е У Н
К І Й Д Л І К Н Щ Н Л Ш Ц Т
А В С І Е М Л А Н Ф К П К К
С М Ш Є Р Р П Щ С Я А К У А
І Є Г Н Г Ц К Е О И Д И Р М
Щ Ь Є Т І Б Є Ж У Х Р Ш К И
И Р Т И Я Ч Д Е С Е Р Т А У
Я Л Ґ Ф Я І Ь Щ Д О Л К Ч О
```

АЛЕРГІЯ	ІНГРЕДІЄНТИ
КАВА	МЕНЮ
ОФІЦІАНТКА	ХЛІБ
М'ЯСО	ТАРІЛКА
КАСИР	ГОСТРИЙ
ЇЖА	КУРКА
ЧАША	БРОНЮВАННЯ
НІЖ	СОУС
КУХНЯ	СЕРВЕТКА
ДЕСЕРТ	

25 - Fantascienza

```
Ф Х П Г М С П Щ Ф С А П В Е
Н Р Ь П Щ Я В Є А Ц Н Л О К
Я Е В М Ь А М І Н Е Т А Г Є
Ю А О Р А К У Л Т Н И Н О Я
П Л А А Т Е Я Ю А А У Е Н Г
К І Н О И Ц В З С Р Т Т Ь А
Ш С К В Е П Н І Т І О А У Л
Е Т Н Р И К И Я И Й П Т Т А
В И И Я О Б Й Т Ч Ь І О О К
Р Ч Г Т Ц Б У Ш Н А Я М П Т
І Н И У М Р О Х И Р К Н І И
П И М Ц Є Х Я Т Й Е І И Я К
Х Й Є Т А Є М Н И Ч И Й У А
Ґ О Т Е Х Н О Л О Г І Я О У
```

АТОМНИЙ
КІНО
АНТИУТОПІЯ
ВИБУХ
ФАНТАСТИЧНИЙ
ВОГОНЬ
ГАЛАКТИКА
ІЛЮЗІЯ
УЯВНИЙ
КНИГИ

ТАЄМНИЧИЙ
СВІТ
ОРАКУЛ
ПЛАНЕТА
РЕАЛІСТИЧНИЙ
РОБОТИ
СЦЕНАРІЙ
ТЕХНОЛОГІЯ
УТОПІЯ

26 - Città

```
П Л Х Т Ф І Р И Н О К Г А В
Е Г Л Т К Л І Н І К А Т П Ю
К А К А Е Р О П О Р Т Ц Т Х
А Л И М Г Б М Р Н У Я С Е Ж
Р Е С Т О Р А Н И Ш Ж У К М
Н Р Б Е Т Ь Г Н Я С Е П А У
Я Е Ц А Е А А К К Т Е Н З
Д Я Б Т Л Ь З К І К Ш Р О Е
К Г Є Р Ь Ь И И Щ Н І М В Й
Ш К О Л А Ф Н О К Є О А Ю В
Б Н С Т А Д І О Н Ш Ж Р Ґ Ц
З О О П А Р К У Н У Ж К Н Х
Я Т Ь Ь Б І Б Л І О Т Е К А
Т И Х У Н І В Е Р С И Т Е Т
```

АЕРОПОРТ	МУЗЕЙ
БАНК	МАГАЗИН
БІБЛІОТЕКА	ПЕКАРНЯ
КІНО	РЕСТОРАН
КЛІНІКА	ШКОЛА
АПТЕКА	СТАДІОН
ФЛОРИСТ	СУПЕРМАРКЕТ
ГАЛЕРЕЯ	ТЕАТР
ГОТЕЛЬ	УНІВЕРСИТЕТ
РИНОК	ЗООПАРК

27 - Virtù #1

Н	Е	З	А	Л	Е	Ж	Н	И	Й	М	К	Ц	Щ
Щ	Е	Д	Р	И	Й	Ч	Д	Щ	Щ	П	У	І	П
П	Л	С	А	К	О	Р	И	С	Н	И	Й	К	Р
Р	О	З	У	М	Н	И	Й	С	І	Ч	Ч	А	А
И	С	К	Р	О	М	Н	И	Й	Т	Я	Т	В	К
С	Ч	П	Ь	Н	В	К	Д	А	К	И	Б	И	Т
Т	П	Е	Е	А	Т	Н	Ж	К	Є	О	Й	Й	И
Р	Ф	І	Ф	Д	П	А	Ц	І	Є	Н	Т	К	Ч
А	В	И	Р	І	Ш	А	Л	Ь	Н	И	Й	Е	Н
С	Ґ	Ж	В	Й	Х	У	Д	О	Ж	Н	І	Й	И
Н	Е	Ь	А	Н	Ч	А	Р	І	В	Н	И	Й	Й
И	Ю	Ь	Б	І	Х	О	Р	О	Ш	И	Й	Е	Н
Й	М	У	Д	Р	И	Й	М	Р	С	Е	Г	М	Ф
Е	Ф	Е	К	Т	И	В	Н	И	Й	Ш	Г	И	О

ЧАРІВНИЙ	НЕЗАЛЕЖНИЙ
НАДІЙНІ	РОЗУМНИЙ
ПРИСТРАСНИЙ	СКРОМНИЙ
ХУДОЖНІЙ	ПАЦІЄНТ
ХОРОШИЙ	ПРАКТИЧНИЙ
ЦІКАВИЙ	ЧИСТИЙ
ВИРІШАЛЬНИЙ	МУДРИЙ
ЕФЕКТИВНИЙ	КОРИСНИЙ
ЩЕДРИЙ	

28 - Compleanno

```
С  Р  К  Т  П  О  Д  А  Р  У  Н  О  К  В
В  С  І  А  Н  У  Ю  Н  Д  К  А  П  З  Е
І  М  Щ  К  Л  Ж  Т  И  Р  А  Р  І  А  С
Ч  О  А  В  Ч  Е  Д  Р  У  Р  О  С  П  Е
К  Л  С  К  У  Б  Н  А  З  Т  Д  Н  Р  Л
И  О  Л  І  Д  Ч  В  Д  І  К  И  Я  О  О
Н  Д  И  И  О  Р  Є  І  А  И  В  М  Ш  Щ
С  И  В  Т  В  П  М  С  У  Р  С  І  Е  І
П  Й  И  Р  И  М  Т  Н  Ц  У  Я  И  Н  Ш
У  Ц  Й  Д  Й  Д  О  И  Ч  А  С  Т  Н  Е
К  Ґ  Ш  Ю  И  Г  Е  Й  Б  Ф  О  О  Я  О
Ь  Х  Я  Ф  Ш  І  Щ  Н  Ф  П  Д  Р  Л  Ц
М  У  Д  Р  І  С  Т  Ь  Ь  Ф  С  Т  Г  А
Б  І  П  Л  О  С  О  Б  Л  И  В  И  Й  Ь
```

ДРУЗІ	МОЛОДИЙ
РІК	ЧУДОВИЙ
КАЛЕНДАР	ЗАПРОШЕННЯ
СВІЧКИ	НАРОДИВСЯ
ПІСНЯ	ПОДАРУНОК
КАРТКИ	МУДРІСТЬ
ВЕСЕЛОЩІ	ОСОБЛИВИЙ
ЩАСЛИВИЙ	ЧАС
РАДІСНИЙ	ТОРТ
ДЕНЬ	

29 - Fattoria #1

```
У  Я  Ь  К  І  Н  Ь  Ц  Ш  И  Ф  П  П  П
Я  М  Ь  К  У  Б  А  Є  Щ  Ц  Ж  Е  П  А
Н  Л  Ж  З  Г  Р  А  Я  К  І  Д  С  О  Р
К  С  І  Н  О  Л  К  О  Р  О  В  А  Л  К
І  Х  Н  Н  В  О  Д  А  У  Б  С  З  Е  А
Ш  Ь  А  Р  Н  С  В  И  Н  Я  М  Е  Д  Н
К  Т  С  К  К  Е  А  Р  Ш  Ч  Щ  М  Л  Ж
А  Ч  І  Д  О  Б  Р  И  В  О  П  Л  Д  Р
Ю  Ж  Н  Є  З  Д  И  А  Ц  У  І  Я  О  Н
П  Т  Н  Ж  А  Ж  С  А  В  М  Ш  Ц  Н  М
Ю  Е  Я  Ґ  Х  О  П  С  О  В  Д  Г  В  М
Н  Л  С  Ґ  Р  Л  Ш  Д  Ф  М  Щ  К  С  Я
Р  Я  Г  Б  Я  А  Г  Х  Х  Л  Ґ  К  Ю  И
Я  Г  Н  І  И  К  К  Р  Л  І  Ш  Р  Н  Г
```

ВОДА	ЗГРАЯ
БДЖОЛА	СВИНЯ
ОСЕЛ	МЕД
ПОЛЕ	КОРОВА
ПЕС	КУРКА
КОЗА	ПАРКАН
КІНЬ	РИС
ДОБРИВО	НАСІННЯ
СІНО	ЗЕМЛЯ
КІШКА	ТЕЛЯ

30 - Paesaggi

Г	Р	Т	Ю	Т	Ж	Ж	Я	Е	М	А	О	Б	М
В	Е	А	Д	П	У	С	Т	Е	Л	Я	С	О	Є
Т	Є	Й	Ґ	О	П	Н	Г	Ф	Ґ	О	Т	Л	Б
Є	Л	С	З	К	Ш	К	Д	Е	Щ	З	Р	О	П
Л	Ж	Б	Б	Е	Б	Ю	Е	Р	Ґ	Е	І	Т	А
Г	Х	Е	Я	Ц	Р	І	Ч	К	А	Р	В	О	Г
И	І	Р	Г	Ц	Д	Г	Щ	Є	Ф	О	У	Г	О
У	Ш	Г	Л	П	М	О	Р	Е	Ф	К	Л	Л	Р
П	Е	Ч	Е	Р	А	Р	Л	Ш	Х	Е	К	Е	Б
В	О	Д	О	С	П	А	Д	И	В	А	А	Б	Н
О	А	З	И	С	Л	Ч	Д	П	Н	Н	Н	М	Р
І	Г	Ь	Є	Щ	Я	Б	Ф	Е	Ж	А	С	Щ	Н
Г	Н	П	Є	Ж	Ж	Л	Ь	О	Д	О	В	И	К
П	І	В	О	С	Т	Р	І	В	О	Т	Д	Ц	Ф

ВОДОСПАД
ПАГОРБ
ПУСТЕЛЯ
РІЧКА
ГЕЙЗЕР
ЛЬОДОВИК
ПЕЧЕРА
АЙСБЕРГ
ОСТРІВ
ОЗЕРО

МОРЕ
ГОРА
ОАЗИС
ОКЕАН
БОЛОТО
ПІВОСТРІВ
ПЛЯЖ
ТУНДРА
ДОЛИНА
ВУЛКАН

31 - Ristorante #2

Л	П	К	Ґ	Є	В	М	Х	О	С	І	Л	Ь	П
Ґ	О	Б	І	Д	Е	О	Ю	У	П	Т	Т	К	У
Ц	Ф	Ж	Ю	П	Ч	И	Д	В	Е	А	Ф	Р	Ґ
Ш	І	Є	К	Ь	Е	Х	Щ	А	Ц	Р	Р	І	О
Г	Ц	К	Ґ	А	Р	Г	Т	Ч	І	И	У	С	О
Л	І	Е	Ь	Ф	Я	Ж	У	А	Ї	Б	К	Л	З
І	А	Ґ	Ь	С	Я	Й	Ц	Я	С	А	Т	О	А
Д	Н	А	П	І	Й	Л	О	Ь	М	У	Ш	С	К
Є	Т	С	А	Л	А	Т	В	Ь	А	Ц	П	Ц	У
Я	Я	В	Е	Ш	П	Х	О	І	Ч	П	С	Н	С
Л	Д	М	Р	Г	О	Г	Ч	М	Н	Ґ	Ц	Х	К
Н	Ц	Х	А	Ф	Ґ	Ь	І	В	И	Л	К	А	А
Ю	У	Т	Ю	А	Е	Н	Н	Е	Й	О	Ф	Щ	Ч
М	Т	Т	О	Р	Т	Ф	Д	С	Ф	Ш	К	Б	А

ВОДА	САЛАТ
ЗАКУСКА	СУП
НАПІЙ	РИБА
ОФІЦІАНТ	ОБІД
ВЕЧЕРЯ	СІЛЬ
ЛОЖКА	КРІСЛО
СМАЧНИЙ	СПЕЦІЇ
ВИЛКА	ТОРТ
ФРУКТ	ЯЙЦЯ
ЛІД	ОВОЧІ

32 - Giardino

```
Щ Я Ю Т Ж О Г Л Т П Щ Ц Ч Г
Б А Т У Т М Т А Ф Е И Ш Е А
О Ю А О Г У Ґ В Р Т Р Л Щ З
И Е Р Ж Х Р М А У А В А Я О
А У Л А Щ Г Ь К К Г Ж Н С Н
Х В Р Д Ґ Р У Н Т Б У Г Т А
Т Р А В А А Є Л О П А Т А У
Ц К У Щ І Б Г О В А Х П В І
Щ О В Ш Л Л А З И Р Н Щ О Г
У И А І Ь І М А Й К Н Т К Ю
Х Н Л Ф Т М А М С А Д Д Ж Е
Ч Є Ґ О И К К Н А Н Е Г Ц К
І И Л Р М Ю А С Д Е Р Е В О
Х У Е Б У Р Я Н І В Ь К Х Е
```

ДЕРЕВО	ЛАВА
ГАМАК	ГАЗОН
КУЩ	ГРАБЛІ
ТРАВА	ПАРКАН
БУР'ЯНІВ	СТАВОК
КВІТКА	ҐРУНТ
ФРУКТОВИЙ САД	ТЕРАСА
ГАРАЖ	БАТУТ
САД	ШЛАНГ
ЛОПАТА	ЛОЗА

33 - Frutta

В	И	Н	О	Г	Р	А	Д	П	М	А	І	Г	М
Л	Ж	И	У	Я	Ґ	К	Н	Н	А	Щ	Д	Р	А
Б	А	Н	А	Н	О	Ж	И	Н	А	П	М	П	Н
М	Б	О	Я	Г	О	Д	А	Н	А	Н	А	С	Г
О	Р	Р	М	Ч	Х	Ш	В	Е	М	С	Ж	Й	О
Щ	И	А	А	П	Ґ	Ч	О	К	І	В	І	И	Я
Ґ	К	Н	Л	Л	Ч	Б	К	Т	Ф	Ц	А	Е	В
В	О	Ж	И	С	И	Х	А	А	Е	У	І	М	Ш
В	С	Е	Н	Х	Л	М	Д	Р	Д	И	Н	Я	Г
И	В	В	А	О	Щ	И	О	И	Ф	С	Ж	Б	Р
Ш	Г	И	Х	Ц	Ф	У	В	Н	Н	Т	Щ	Л	У
Н	Ь	Й	У	К	Р	Е	П	А	О	Ь	А	У	Ш
Я	Щ	І	Ю	У	Ю	Ц	П	Е	Р	С	И	К	А
Ь	О	Ґ	И	Д	К	Ф	І	Д	Е	Я	П	О	Ю

АБРИКОС	МАНГО
АНАНАС	ЯБЛУКО
ОРАНЖЕВИЙ	ДИНЯ
АВОКАДО	ОЖИНА
ЯГОДА	НЕКТАРИН
БАНАН	ПАПАЙЯ
ВИШНЯ	ГРУША
КІВІ	ПЕРСИК
МАЛИНА	СЛИВА
ЛИМОН	ВИНОГРАД

34 - Fattoria #2

```
К  С  Ґ  А  Х  Е  И  М  Ш  Ф  Т  П  Н  Т
У  Е  С  К  Р  Ф  С  Б  М  Р  М  А  Ь  В
К  С  А  В  Є  Г  Р  Ц  Ж  У  Ж  С  Ф  А
У  Т  Р  А  К  Т  О  Р  Ї  К  Л  Т  Ф  Р
Р  Ш  А  Е  Ґ  Є  Б  І  Ж  Т  Ь  У  Г  И
У  Ф  Й  Ц  Д  Ч  І  І  А  О  Я  Х  К  Н
Д  Е  П  Щ  М  П  У  Е  Н  В  У  Л  И  К
З  Р  О  Ш  Е  Н  Н  Я  Щ  И  М  А  У  У
А  М  Я  В  Е  Г  У  С  И  Й  О  М  С  Г
К  Е  Г  Ч  Б  Н  Д  М  Г  С  Л  А  Ш  Б
И  Р  Н  Р  М  Ц  И  Ґ  К  А  О  Ц  Н  Н
Г  Є  Я  Х  В  І  В  Ц  Я  Д  К  Л  Г  О
Ж  Ф  Р  У  К  Т  Н  Е  Я  Н  О  И  И  А
І  Ч  О  У  Б  М  У  Ь  Е  К  А  Ч  К  А
```

ЯГНЯ	ЗРОШЕННЯ
ФЕРМЕР	ЛАМА
ВУЛИК	МОЛОКО
КАЧКА	КУКУРУДЗА
ТВАРИН	ГУСИ
ЇЖА	ЯЧМІНЬ
САРАЙ	ПАСТУХ
ФРУКТ	ВІВЦЯ
ФРУКТОВИЙ САД	ЛУГ
ПШЕНИЦЯ	ТРАКТОР

35 - Dinosauri

В	З	Щ	Є	Ю	Т	А	П	И	О	Ш	Т	И	Г
В	И	Е	У	Л	И	Р	О	З	М	І	Р	З	О
Ф	Т	Д	М	С	Ц	В	Т	Е	Х	П	А	Н	Н
С	Н	Р	Р	Л	Ґ	Е	У	У	Н	Д	В	И	І
І	К	У	В	Г	Я	Л	Ж	С	Щ	Б	О	К	Д
Я	Ь	Ю	Е	Е	М	И	Н	Л	Б	Щ	Ї	Н	П
И	Н	Г	В	У	Л	К	И	Д	Ц	В	Д	Е	О
М	А	М	О	Н	Т	И	Й	І	Х	С	Н	Н	Р
К	Р	И	Л	А	Б	Й	Ч	Ю	И	Е	І	Н	О
Я	Д	Л	Ю	О	Щ	М	Г	Е	Б	Ї	Ш	Я	Ч
Ч	Х	Н	Ц	Х	В	І	С	Т	З	Д	Б	К	Н
О	Д	О	І	С	Т	О	Р	И	Ч	Н	И	Й	Е
Ц	С	У	Я	О	Ч	Л	Б	А	Є	И	И	Ч	Е
Р	Е	П	Т	И	Л	І	Я	А	Ґ	Й	И	Й	Д

КРИЛА	ПОТУЖНИЙ
ХВІСТ	ДОІСТОРИЧНИЙ
ВЕЛИЧЕЗНИЙ	РЕПТИЛІЯ
ТРАВОЇДНІ	ЗНИКНЕННЯ
ЕВОЛЮЦІЯ	ВИД
ВЕЛИКИЙ	РОЗМІР
МАМОНТ	ЗЕМЛЯ
ВСЕЇДНИЙ	ПОРОЧНЕ

36 - Verdure

```
Б П Т Я Є К А Р Т О П Л Я І
А О Т Б П Л Т А Х Р І П А Б
К М У И Е Г А Р Б У З Щ Ш Р
Л І В Ж Т Ґ І Д Щ М Б Ш Ж О
А Д У Ц Р Е Д И С А Ч П В К
Ж О Ж С У С Е Л Е Р А И А О
А Р І М Ш А Л О Т Г С Н Р Л
Н М О Р К В А Ф Я С А А Т І
Е Ш Е Г А Ь Л І М Ц Л Т И Д
М Л Е Г О Я Ф М М И А Ф Ш Я
Ґ Т І Ш Г Р Н С Ц Б Т Ю О Ф
Р П О Г І Р О К Т У И Ч К М
Ч А С Н И К И Х Л Л Ь Р О Г
И К Ю Х Ч Д Б Б И Я О С І У
```

ЧАСНИК	ГОРОХ
БРОКОЛІ	ПОМІДОР
АРТИШОК	ПЕТРУШКА
МОРКВА	РІПА
ОГІРОК	РЕДИС
ЦИБУЛЯ	ШАЛОТ
ГРИБ	СЕЛЕРА
САЛАТ	ШПИНАТ
БАКЛАЖАН	ІМБИР
КАРТОПЛЯ	ГАРБУЗ

37 - Scuola #2

```
Н У А К А Д Е М І Ч Н И Й Т
А Н О Ж И Ц І П Ґ А О Х В Е
У О Л І В Е Ц Ь А Ґ Л У Ч Г
К А Л Е Н Д А Р Ч П Я Ж И О
А П К Р П Х Б Ж Ґ С І Ж Т С
Ч В Д У К О М П Ю Т Е Р Е В
И К Т Є Ґ Ю А Ф Б Ч Х Ь Л І
Т Д Н О С Л О В Н И К І Ь Т
А Ч Ч И Б І Б Л І О Т Е К А
Н Ф И Д Г У Е Ж В З У Т Т Я
Н А Ш Б Ь И С Р Ю К З А К Ц
Я Г Р А М А Т И К А Б Л Ц Ц
М А Т Е М А Т И К А І Г Р И
Л І Т Е Р А Т У Р А Я Р У І
```

АКАДЕМІЧНИЙ	ГРАМАТИКА
АВТОБУС	ВЧИТЕЛЬ
БІБЛІОТЕКА	ЛІТЕРАТУРА
КАЛЕНДАР	ЧИТАННЯ
ПАПІР	КНИГИ
КОМП'ЮТЕР	МАТЕМАТИКА
СЛОВНИК	ОЛІВЕЦЬ
ОСВІТА	ВЗУТТЯ
НОЖИЦІ	НАУКА
ІГРИ	РЮКЗАК

38 - Barbecue

```
З А П Р О Ш Е Н Н Я Ц Ц М Я
Г О В П Г С С О У С И Т В Н
Р Є Ж С О Ґ Є Ж Ю Ш Б Ф Ш Е
И М Ж Г Л М С І Ґ К У Р К А
Л Ф Ч А О Б І Д Я Ш Л Ь Н И
Ь Ч Н Р Д Н У Д Ґ Ш Я И М І
Ц О К Я П П Ь К О С І Л Ь Т
І В Е Ч Е Р Я С Е Р Ш Ґ А Ч
С Т Е Е Р О Д И Н А И Ї М П
Е Ч Б И Е Ф Р У К Т Я Ж У Р
О Я Ш І Ц К Щ І Ь Г О А З Ф
Л І Т О Ь С А Л А Т И Ю И О
І Г Р И Ч Ч А И Д А Х Ц К И
М П Ґ А В Е Т Ц А Ґ Ч А Ю
```

ГАРЯЧЕ	ГРИЛЬ
ВЕЧЕРЯ	САЛАТИ
ЇЖА	ЗАПРОШЕННЯ
ЦИБУЛЯ	МУЗИКА
НОЖІ	ПЕРЕЦЬ
ЛІТО	КУРКА
ГОЛОД	ПОМІДОРИ
РОДИНА	ОБІД
ФРУКТ	СІЛЬ
ІГРИ	СОУС

39 - Riempire

```
К И Ш Е Н Я Б У Г И П Н Е Є
О О И Н А И Щ И Р С А Г У Н
Р Ф Н Ь І У Ґ Ж Ю У К Ґ Ю Я
О Ш Х В Б О Ч К А М Е Щ С Щ
Б У М А Е М Щ К Б К Т Д Ш И
К Х О Н І Р Я О П А В П Е К
А Л А Н Ш Б Т Ш Л Р Є А Ж Р
П Я Ф А В Б Щ И Я О Л П З Д
Ц Д Н Ф І А О К Ш Х В К Б А
Р А А Щ Д С Л Е К Х Л А О П
Ц Ю Ф В Р Е О І А Т Р У Б А
Я Р В М О Й Т Ь З Ц Щ Ж Ц П
І Д О Т Е Н О Г Г А Т Я Ф П
Ц Ж Д Ю Т О К Ф Т Я Х Д Н Щ
```

БАСЕЙН	ПАКЕТ
БОЧКА	ЯЩИК
СУМКА	ВІДРО
ПЛЯШКА	КИШЕНЯ
КОНВЕРТ	ТРУБА
ПАПКА	ВАЛІЗА
КОРОБКА	ВАННА
ШУХЛЯДА	ВАЗА
КОШИК	ЛОТОК

40 - Insetti

```
П  Я  Ч  І  Х  К  О  М  А  Р  Ю  В  Е  Е
Ф  Н  Д  І  Р  К  М  Я  Б  А  Б  К  А  Ц
Ш  У  К  П  О  П  Е  Л  И  Ц  Я  Я  Ц  Л
М  Е  Ж  Ш  Б  О  Г  О  М  О  Л  Ч  И  С
Е  Г  Р  Л  А  Д  Ш  Л  И  Ч  И  Н  К  А
Т  О  Н  Ш  К  П  Ж  Ч  Г  М  Б  Ю  А  Р
Е  В  Т  А  Е  К  У  О  Ж  У  Л  І  Д  А
Л  Д  Р  Ф  Т  Н  К  С  Л  Р  О  С  А  Н
И  Ю  Щ  Щ  Ю  К  Ь  О  Т  А  Х  К  Я  А
К  Т  А  Р  Г  А  Н  Н  О  Х  А  О  Р  Л
Т  Е  Р  М  І  Т  У  Е  Б  А  С  Н  Р  Ь
Є  А  У  Т  Ш  М  Л  Ч  Т  А  Є  И  Д  Ц
Ю  Ю  Г  Е  І  Я  Є  К  Ц  Л  Ь  К  Ь  П
И  І  Я  Н  К  Я  Ч  О  И  С  Я  П  П  М
```

ПОПЕЛИЦЯ	БАБКА
БДЖОЛА	САРАНА
ШЕРШЕНЬ	БОГОМОЛ
КОНИК	ГНАТ
ЦИКАДА	БЛОХА
СОНЕЧКО	ТАРГАН
ЖУК	ТЕРМІТ
МЕТЕЛИК	ХРОБАК
МУРАХА	ОСА
ЛИЧИНКА	КОМАР

41 - Erboristeria

```
У К В І Т К А Е В Ь В Ч А Г
Л И К Б У П Е С Т Р А Г О Н
А Л Ш У Т Ж Н Ю Ч А С Н И К
В Ю А Р І З Е Л Е Н И Й Ь О
А Н Ф П В Я Х К Щ Б Л П Ф Р
Н Я Р Е Ч Е Б Р Е Ц Ь Л Ь Е
Д К А Р О М А Т И Ч Н И Й Г
А І Н Г Р Е Д І Є Н Т Ю П А
Ц С К Е Е Н Р О З М А Р И Н
И Т І Р К У Л І Н А Р Н І О
Я Ь И Н І Ч М А Й О Р А Н Ґ
С М Ш Ч К П В Є О И Л Т Ц Ю
О А П Е Т Р У Ш К А М Я Т А
Л Б Д У Н Є Ф Е Н Х Е Л Ь Я
```

ЧАСНИК	ЛАВАНДА
КРІП	МАЙОРАН
АРОМАТИЧНИЙ	М'ЯТА
ВАСИЛЬ	ОРЕГАНО
КУЛІНАРНІ	ПЕТРУШКА
ЕСТРАГОН	ЯКІСТЬ
ФЕНХЕЛЬ	РОЗМАРИН
КВІТКА	ЧЕБРЕЦЬ
САД	ЗЕЛЕНИЙ
ІНГРЕДІЄНТ	ШАФРАН

42 - Danza

```
К Н М П О С Т А В А Т Р У Х
У Ч У К І Е Щ Д Щ Ґ Р Н Р О
Л В З Ю Н Ж Н Л І А А В Е Р
Ь Т И И Б Ц Ш А К Д Ф П Е Т
Т І К Р Л Т Ю Д Г А И Ж Е О
У Л А А А Р И Т М Д Ц П Т Г
Р О Е Д Г З Б И Т Е І С И Р
Н О М І О Ш Н К Г М Й П Ц А
И Ч О С Д І Ь И Д І Н А І Ф
Й М Ц Н А Б Т Ю Й Я И Р Я І
Н Г І И Т В Ш Ь Р Д Й Т М Я
Н Х Я Й Ь К Л А С И Ч Н И Й
М И С Т Е Ц Т В О У Д Е Д К
К Ц Ь К У Л Ь Т У Р А Р И Г
```

АКАДЕМІЯ	ВИРАЗНИЙ
МИСТЕЦТВО	РАДІСНИЙ
КЛАСИЧНИЙ	БЛАГОДАТЬ
ПАРТНЕР	РУХ
ХОРЕОГРАФІЯ	МУЗИКА
ТІЛО	ПОСТАВА
КУЛЬТУРА	РЕПЕТИЦІЯ
КУЛЬТУРНИЙ	РИТМ
ЕМОЦІЯ	ТРАДИЦІЙНИЙ

43 - Commedia

```
Ь Ф Л И П Ш П Ф А Щ Г В Ь Я
Т Е Л Е Б А Ч Е Н Н Я Е Л И
Е Ч Я Ц Ч Л Р Щ Я Н Г С Г У
А К Т Р И С А О Т Щ И Е Г Д
Т Ж А Н Р У К Е Д Ц Ц Л Я А
Р Р Я Г І Б Т А Е І Т О Ч С
Р Х В У А К О У М Ш Я Щ С О
О Я М М А Л Р Д Х Ж Ґ І М У
З П Ч О Г О В И Р А З Н И Й
У Р Л Р С У І Т Є Р У Х Б О
М Р М Е В Н Г О Ю Т С И О Ч
Н М С Б С И І Р Ф И Б М Ж С
И Г О Ґ Д К В І Л Л У Т І О
Й Ь Л Н Є А И Я Д Я Х Є М Х
```

ОПЛЕСКИ	ПАРОДІЯ
АКТОР	АУДИТОРІЯ
АКТРИСА	СМІХ
КЛОУНИ	ЖАРТИ
ВЕСЕЛОЩІ	ТЕАТР
ВИРАЗНИЙ	ТЕЛЕБАЧЕННЯ
ЖАНР	ГУМОР
РОЗУМНИЙ	

44 - Scuola #1

```
М П А П І Р Ч К Д У П А В Б
Р А Д М Х І Н Е С С А Л І І
Б Ю Р О Ц В С М Я А П Ф Д Б
К Ґ У К Н Д Х П Н К А П Л
Р Ь З Л Е К К Н И Г И В О І
І Х І А Л Р К Х А Т К І В О
С В Ч С Р У И О Б Ч И Т І Т
Л П Ч Б С Ч П Л Н Т Г Ю Д Е
О А М И А К П І Ґ В В А І К
П И С А Т И И В І М Ж Ж В А
Л Ю Х М І Е В Е С Е Л О Щ І
Д У І П Ф Щ Л Ц Х Щ А Б К О
Ґ Ф Р Р У Ф Ч Ь А Л В І С Ґ
М А Т Е М А Т И К А Ю Д Ф Л
```

АЛФАВІТ
ДРУЗІ
КЛАС
БІБЛІОТЕКА
ПАПІР
ПАПКИ
ВЕСЕЛОЩІ
ІСПИТИ
ВЧИТЕЛЬ
КНИГИ

МАРКЕРИ
МАТЕМАТИКА
ОЛІВЕЦЬ
РУЧКИ
ОБІД
ВІДПОВІДІ
БЮРО
ПИСАТИ
КРІСЛО

45 - Fiori

```
Ж Ж К Б Н А Х Ш Л І Л І Я Т
Г А Р Д Е Н І Я И Х А Ф С Ю
О С О Н Я Ш Н И К Р В Б Щ Л
Л М А К Ш И А С Л Ш А У П Ь
А И П Е Л Ю С Т К А Н З Л П
И Н Ч Щ Щ Т Є Щ Р І Д О Ю А
Р Ґ И Е Ь Ж Р Б Л І А К М Н
Р О М А Ш К А О Р Х І Д Е Я
К У Л Ь Б А Б А Я Б О Т Р Е
М А Г Н О Л І Я Е Н У Ш І К
Г І Б І С К У С Щ Н Д К Я Ц
П І В О Н І Я Ґ Ь М Ю А Е С
К А Л Е Н Д У Л А І Ж П Ю Т
К О Н Ю Ш И Н А Ю С Ц Щ Ю Я
```

КАЛЕНДУЛА	РОМАШКА
КУЛЬБАБА	БУКЕТ
ГАРДЕНІЯ	ОРХІДЕЯ
ЖАСМИН	МАК
ЛІЛІЯ	ПІВОНІЯ
СОНЯШНИК	ПЕЛЮСТКА
ГІБІСКУС	ПЛЮМЕРІЯ
ЛАВАНДА	ТРОЯНДА
БУЗОК	КОНЮШИНА
МАГНОЛІЯ	ТЮЛЬПАН

46 - Ecologia

Р	О	С	Л	И	Н	Н	І	С	Т	Ь	Ж	Н	В
Ж	С	Н	А	Ф	И	Л	Є	Н	Т	Л	Р	Ю	И
В	М	Є	П	Е	Л	М	Л	Ц	С	Х	Е	Д	Ж
Т	Л	В	Р	Г	Р	О	М	А	Д	Ю	Я	Б	И
У	К	К	И	Г	Е	Р	Р	Т	Ш	Г	Х	О	В
Х	Л	Б	Р	Л	С	С	О	А	Р	О	І	Л	А
Х	І	И	О	О	Ь	С	В	В	Р	Е	О	Н	Н
Щ	М	Ц	Д	Б	Р	К	Л	Ю	Ч	И	Ш	Т	Н
Ф	А	У	Н	А	С	И	И	М	В	Ш	Д	О	Я
О	Т	Н	И	Л	И	Й	Н	З	А	С	У	Х	А
Є	І	Ц	Й	Ь	П	Р	И	Р	О	Д	А	І	Х
Х	Ґ	Я	Х	Н	Ф	Д	С	Є	Д	Г	Б	Ж	Я
Ж	Ж	Р	Б	И	Х	Є	Ж	Ф	Т	Г	Р	К	Я
Г	Л	Я	М	Й	В	М	Ч	Ю	Б	Я	Ф	Ш	Ж

КЛІМАТ   ПРИРОДНИЙ
ГРОМАД   БОЛОТО
ФАУНА   РОСЛИНИ
ФЛОРА   РЕСУРСИ
ГЛОБАЛЬНИЙ   ЗАСУХА
МОРСЬКИЙ   ВИЖИВАННЯ
ГОРИ   ВИД
ПРИРОДА   РОСЛИННІСТЬ

47 - Discipline Scientifiche

```
Ґ А Щ Т М Ч Н Ц У К А Ж Ь Л
І Н Ю Ф Е Р В Г Щ С С И А І
Ж А Б О Т А Н І К А Т Д Ж Н
П Т Є Б Е Н Ч Ю К Л Р Н І Г
С О Ц І О Л О Г І Я О Е М В
И М Н О Р Б Х Р П Т Н В У І
Х І Ж Л О Х І А І Д О Р Н С
О Я В О Л Р Х О В Л М О О Т
Л Ф Ґ Г О Д І Ч Х Х І Л Л И
О Е М І Г Ж М А Я І Я О О К
Г Ж О Я І Щ І І Е В М Г Г А
І П Ф Г Я Н Я Ш К О П І І Ц
Я М І Н Е Р А Л О Г І Я Я Б
Ч М Е Х А Н І К А Є Є Н Ж Д
```

АНАТОМІЯ	ЛІНГВІСТИКА
АСТРОНОМІЯ	МЕХАНІКА
БІОХІМІЯ	МЕТЕОРОЛОГІЯ
БІОЛОГІЯ	МІНЕРАЛОГІЯ
БОТАНІКА	НЕВРОЛОГІЯ
ХІМІЯ	ПСИХОЛОГІЯ
ІМУНОЛОГІЯ	СОЦІОЛОГІЯ

48 - Scienza

```
К Ю Щ Ф Г І П О Т Е З А В М
Р О Р Х І М І Ч Н І Е Г Ч О
Л И Ґ Е И З Т М А Б В В Е Л
Д А Н І М Ц И К Ц О О К Н Е
Б Д Б Н М О Х К М Р Л К И К
В И К О П Н И Й А Г Ю С Й У
И А А Г Р А В І Т А Ц І Я Л
Ф А К Т К А А Ш Щ Н І Ш Ч И
Щ Т Ь С Е Л Т В Ч І Я Р Ґ Е
Ц К Ґ М Ч Т І О Є З Ш У Ю Я
П Р И Р О Д А М Р М Е Т О Д
М І Н Е Р А Л И А І Д Б Я К
Ю Ю І Ф А Т О М Х Т Я Ч В Ґ
Е К С П Е Р И М Е Н Т Ц И І
```

АТОМ	ГРАВІТАЦІЯ
ХІМІЧНІ	ГІПОТЕЗА
КЛІМАТ	ЛАБОРАТОРІЯ
ДАНІ	МЕТОД
ЕКСПЕРИМЕНТ	МІНЕРАЛИ
ЕВОЛЮЦІЯ	МОЛЕКУЛИ
ФАКТ	ПРИРОДА
ФІЗИКА	ОРГАНІЗМ
ВИКОПНИЙ	ВЧЕНИЙ

49 - Acqua

```
Д  Б  Б  П  Ю  Х  Л  Ґ  І  О  И  Ж  О  В
С  Г  Х  В  И  Л  І  Н  С  В  И  А  З  И
В  Ф  Д  В  К  І  Д  У  Л  Д  Ю  Л  Е  П
Д  Л  Ґ  Л  Ц  Д  Л  К  Ь  О  Я  Т  Р  А
К  В  Ж  П  А  Р  У  Ц  С  Щ  Ш  Б  О  Р
М  О  Р  О  З  Р  О  Ш  Е  Н  Н  Я  М  О
У  І  І  В  В  Р  С  Р  К  Ф  І  Ю  І  В
С  Ґ  Ч  І  Щ  Е  П  І  Ю  П  Х  Г  І  У
О  А  К  Н  Б  Ю  У  К  Ж  Я  Б  К  С  В
Н  К  А  Ь  Д  Є  Ц  Ґ  У  Ш  В  А  Е  А
У  Р  А  Г  А  Н  Г  Е  Й  З  Е  Р  Є  Н
П  И  Т  Н  И  Й  Б  Ч  Н  П  А  Л  М  Н
Ч  У  Н  Ц  А  О  К  Е  А  Н  Т  Д  Р  Я
С  Ґ  Б  В  О  Л  О  Г  І  С  Т  Ь  М  П
```

ПОВІНЬ	МУСОН
КАНАЛ	СНІГ
ДУШ	ОКЕАН
ВИПАРОВУВАННЯ	ХВИЛІ
РІЧКА	ДОЩ
МОРОЗ	ПИТНИЙ
ГЕЙЗЕР	ВОЛОГІСТЬ
ЛІД	УРАГАН
ЗРОШЕННЯ	ПАР
ОЗЕРО	

50 - Gatti

С	Б	Е	Е	Ґ	Щ	Х	Я	Б	О	А	Ю	І	Ь
П	О	Н	У	С	Ф	У	Л	Б	Т	Л	М	М	Ж
А	Ж	О	Е	И	В	Т	М	Я	Б	А	И	Р	С
Т	Е	Х	С	З	Ф	Р	И	Б	Б	П	С	Н	О
И	В	П	В	О	А	О	Ш	Ч	Б	А	Л	Г	Р
Б	І	Ш	И	І	Б	Л	А	Ш	Б	І	И	С	О
Ш	Л	П	Д	Ю	С	И	Е	Л	Б	В	В	А	М
Ль	Ь	Ц	Т	А	Я	Т	С	Ж	С	Ж	Е	Ц	Я
Г	Н	І	С	Ю	Ц	Ь	Ц	Т	Н	Д	Ц	Г	З
Д	И	К	И	Й	Л	Щ	Р	У	О	И	Ь	Ь	Л
Ц	Й	А	П	Р	Я	Ж	А	Т	Р	С	Й	Ґ	И
С	Ш	В	И	Д	К	О	Л	Н	Ь	О	Т	Е	В
Р	Ж	И	Г	Р	А	Й	Л	И	В	И	Й	І	И
Ь	Л	Й	Р	Є	М	А	Л	Е	Н	Ь	К	И	Й

MИСЛИВЕЦЬ
ХВІСТ
ЦІКАВИЙ
СПАТИ
ПРЯЖА
ГРАЙЛИВИЙ
НЕЗАЛЕЖНИЙ
БОЖЕВІЛЬНИЙ

ХУТРО
ОСОБИСТОСТІ
МАЛЕНЬКИЙ
ДИКИЙ
СОРОМ'ЯЗЛИВИЙ
МИША
ШВИДКО
ЛАПА

51 - Surf

П	І	Н	А	Л	С	Я	О	Т	О	Х	Л	Ж	Ч
К	О	Є	С	Д	Щ	Л	О	Н	Ч	А	Л	Г	К
К	І	П	Л	А	В	А	Т	И	А	П	В	Ч	Г
В	Ц	Ґ	У	Р	Ж	І	Т	Ю	С	Т	И	Л	Ь
Е	Ф	О	Т	Л	Р	В	Е	С	Е	Л	О	Щ	І
С	П	Р	Е	Й	Я	І	Н	К	Ж	Ч	Ч	В	С
Л	И	Є	Ю	И	Н	Р	О	К	Е	А	Н	Н	П
О	Ж	Л	Є	Е	Г	И	Н	Р	Щ	Ч	Ш	О	О
Щ	Д	С	А	Б	Ф	Ф	Г	И	О	Є	Л	В	Р
Х	В	И	Л	Я	П	Г	Ж	Щ	Й	Т	У	А	Т
Ь	А	М	П	Ч	Е	М	П	І	О	Н	Н	Ч	С
П	О	Г	О	Д	А	П	Л	Я	Ж	Р	О	О	М
Ш	В	И	Д	К	І	С	Т	Ь	Є	Л	К	К	Е
Г	Р	Т	А	Ж	К	Т	О	Я	Л	Р	О	К	Н

СПОРТСМЕН
ЧЕМПІОН
ВЕСЕЛОЩІ
НАТОВП
СИЛА
ПОГОДА
ПЛАВАТИ
ОКЕАН
ХВИЛЯ
ВЕСЛО

ПОПУЛЯРНИЙ
НОВАЧОК
ПІНА
РИФ
ПЛЯЖ
СПРЕЙ
СТИЛЬ
ШЛУНОК
ШВИДКІСТЬ

52 - Imbarcazioni

```
П  Р  И  П  Л  И  В  К  І  Щ  И  Х  О  У
Л  І  Щ  С  Ж  Ь  Ш  А  Ф  Ш  Д  Л  Т  О
І  Ч  Е  О  Щ  Н  Ц  Н  М  М  Б  Л  В  З
Т  К  В  Н  Г  Ю  М  О  М  П  Л  Д  Ь  Е
Ю  А  І  Є  Ґ  Л  В  Е  О  О  Б  Д  Ґ  Р
Ч  О  Ж  Б  Щ  Ф  А  Р  Р  Р  Р  Ц  О  О
Д  М  О  Р  С  Ь  К  І  Я  О  Я  Е  Ф  Д
Р  Ш  Я  Я  Р  Х  О  Є  К  М  Б  У  Й  В
С  Г  М  О  Т  У  З  К  А  Щ  Ж  Ф  Л  И
И  І  В  Я  Ь  Х  О  А  Е  Ю  Щ  Я  Я  Г
С  У  У  А  Д  В  Ь  Я  Ж  А  С  К  Х  У
Ш  Л  Е  Д  Т  И  У  К  І  Щ  Н  І  Т  Н
В  І  Т  Р  И  Л  Ь  Н  И  К  Ч  Р  А  И
Ч  Ш  Ч  Е  К  І  П  А  Ж  И  Х  Ю  Я  Р
```

ЩОГЛА	МОРЕ
ЯКІР	ПРИПЛИВ
ВІТРИЛЬНИК	МОРЯК
БУЙ	ДВИГУН
КАНОЕ	МОРСЬКІ
МОТУЗКА	ОКЕАН
ЕКІПАЖ	ХВИЛІ
РІЧКА	ПОРОМ
КАЯК	ЯХТА
ОЗЕРО	ПЛІТ

53 - Арі

```
В  М  В  Ч  Д  І  Є  П  И  Л  О  К  Е  Ж
Я  Ц  Л  Д  А  Ч  К  О  Р  О  Л  Е  В  А
Б  Ю  В  Ь  М  Ц  П  Т  Е  Ф  Я  Т  Б  Л
В  И  Г  І  Д  Н  И  Й  Я  Ш  Ґ  И  І  Ї
В  Д  Ш  С  Т  Т  К  Б  А  Ш  К  Л  У  Ж
Р  І  В  А  Е  К  О  С  И  С  Т  Е  М  А
И  О  С  Д  Р  В  М  Ь  Г  І  Є  В  Е  С
М  Ж  С  К  І  І  А  М  К  С  Я  У  Д  О
М  Ж  М  Л  Й  Т  Х  Б  Б  Б  Р  Л  Є  Н
Х  В  Ж  Ц  И  И  А  І  Д  Ф  Б  И  Д  Ц
Т  А  І  Г  Ш  Н  К  Р  И  Л  А  К  О  Е
Д  Ф  В  В  С  В  И  Ю  С  Е  У  М  Ґ  Ш
И  Ч  Є  Ґ  Є  Я  Х  Н  Ж  Д  В  О  М  Д
М  Ь  Ф  Х  Л  Ч  Н  В  Ф  Р  У  К  Т  Ш
```

КРИЛА	ДИМ
ВУЛИК	САД
ВИГІДНИЙ	КОМАХА
ВІСК	МЕД
ЇЖА	РОСЛИНИ
ЕКОСИСТЕМА	ПИЛОК
КВІТИ	КОРОЛЕВА
ЦВІТ	РІЙ
ФРУКТ	СОНЦЕ

54 - Strumenti Musicali

```
Г О Н Г Т Щ Н Я С Є Я М К Ф
О І С Ь С А К С О Ф О Н Л О
Б Т Р Г У Ґ Я Ч Ґ У М А Р
О С Р А А Ш Д И Щ Ш Л А Р Т
Й Є О А Р Б У Б О Н Щ Н Н Е
Ц Р М Т М А Ь Н Ж Т К Д Е П
Я Г Б Є О Е Ц А Е Ґ О О Т І
Д Т О Т Н Т Ф С П П П Л Х А
Н И Н Р І Ш Ґ А К Ґ Е І Г Н
У Ь Х У К Ф Ж Я Ф Р Т Н Х О
Д Ю Ф Б А Н Д Ж О А И А Ю Б
А Р Ф А Ф Ж Н И С Ґ Г П Я Я
Р Б А Р А Б А Н В Т Н О К Ь
Г О М І Л К И Я Ф Л Е Й Т А
```

ГАРМОНІКА	ГОБОЙ
АРФА	УДАР
ГОМІЛКИ	ФОРТЕПІАНО
БАНДЖО	САКСОФОН
ГІТАРА	БУБОН
КЛАРНЕТ	БАРАБАН
ФАГОТ	ТРУБА
ФЛЕЙТА	ТРОМБОН
ГОНГ	СКРИПКА
МАНДОЛІНА	

55 - Professioni #2

```
Ф А І Л Ю С Т Р А Т О Р І С
І С С Н Х І Р У Р Г Ь Ю П Т
Л Т Л Ь У Ф О Т О Г Р А Ф О
О Р І Ф Д П І Б І О Л О Г М
С О Д И О Л І Н Г В І С Т А
О Н Ч Д Ж П У Л Ж С Б Н Л Т
Ф А И О Н Ж Є Ж О Е В О Щ О
Л В Й С И Н С Ф В Т Н Щ Ь Л
І Т Б Л К З О О Л О Г Е С О
К К Б І Б Л І О Т Е К А Р Г
А С А Д І В Н И К Ж Л Я П А
Р Я Ц Н В Ч И Т Е Л Ь И В Є
Я Б Ч И В И Н А Х І Д Н И К
Т Д Є К Ж У Р Н А Л І С Т У
```

АСТРОНАВТ	ІНЖЕНЕР
БІБЛІОТЕКАР	ВЧИТЕЛЬ
БІОЛОГ	ВИНАХІДНИК
ХІРУРГ	СЛІДЧИЙ
СТОМАТОЛОГ	ЛІНГВІСТ
ФІЛОСОФ	ЛІКАР
ФОТОГРАФ	ПІЛОТ
САДІВНИК	ХУДОЖНИК
ЖУРНАЛІСТ	ДОСЛІДНИК
ІЛЮСТРАТОР	ЗООЛОГ

56 - Letteratura

```
К Т О Д І А Л О Г Ж Е О Ь Р
Л В Ч Л Х В Н Я Щ А М Л Ґ Г
Ґ П Щ Ш Ж В Н Е А Н А Л І З
М Е Т А Ф О Р А К Р О М А Н
Д І Т Е М А Г Г Т Д У М К А
Д П О Е Т И Ч Н И Й О Б О Б
В Р С Ґ А Ь А В Т О Р Т П І
І И Н Т Ґ М В Ш И Ь И Р И О
Р М С В И Е Ґ О В Б Т А С Г
Ш А А Н А Л О Г І Я М Г К Р
О Щ Щ О О О Ь Е Б Ю В Е Г А
Л П О Р І В Н Я Н Н Я Д Г Ф
Ш С И Я Т Ш О Б Ч Ь Л І О І
Ю К Ч Ч Д И В К Б П Р Я Ь Я
```

АНАЛІЗ	МЕТАФОРА
АНАЛОГІЯ	ДУМКА
АНЕКДОТ	ВІРШ
АВТОР	ПОЕТИЧНИЙ
БІОГРАФІЯ	РИМА
ВИСНОВОК	РИТМ
ПОРІВНЯННЯ	РОМАН
ОПИС	СТИЛЬ
ДІАЛОГ	ТЕМА
ЖАНР	ТРАГЕДІЯ

57 - Cibo #2

```
Ю  К  І  В  І  Т  І  Т  Є  Г  Б  У  Щ  Я
Ц  У  Є  В  Ю  Ю  И  Щ  Д  І  Р  Ф  Я  Б
Л  Р  Т  И  М  А  Щ  О  И  М  О  И  У  Л
Ц  К  Щ  Н  П  Я  Й  Ц  Е  Ч  К  П  Б  У
В  А  Р  О  Ш  Ю  І  Д  Щ  І  О  О  Ж  К
Р  Ь  Е  Г  Е  В  И  Ш  Н  Я  Л  М  Ц  О
С  И  Е  Р  Н  Х  Л  І  Б  О  І  І  Щ  Ш
И  Е  С  А  И  Й  О  Г  У  Р  Т  Д  У  О
Р  С  Л  Д  Ц  К  Н  О  Ю  Ш  К  О  Є  Є
Х  Ч  В  Е  Я  Ц  Ж  С  С  И  Д  Р  У  Т
Е  Д  Ц  Є  Р  И  Б  А  Я  Н  Д  Є  Є  Ч
Б  А  Н  А  Н  А  У  Ш  О  К  О  Л  А  Д
Б  А  К  Л  А  Ж  А  Н  І  А  Х  Д  Є  Ч
Ю  Ц  С  Ф  Н  Ж  Ь  Ч  Л  Ь  Л  П  М  Т
```

БАНАН	ХЛІБ
БРОКОЛІ	РИБА
ВИШНЯ	КУРКА
ШОКОЛАД	ПОМІДОР
СИР	ШИНКА
ГРИБ	РИС
ПШЕНИЦЯ	СЕЛЕРА
КІВІ	ЯЙЦЕ
ЯБЛУКО	ВИНОГРАД
БАКЛАЖАН	ЙОГУРТ

58 - Nutrizione

```
Ґ Ч И О В У Г Л Е В О Д І В
У М В И М Ч И І О Ф О Г Є Ч
П Х А П Е Т И Т Р І Д И Н И
Ї Є Г С П Е Ц І Ї К С Ш Т Ц
С І А В І Т А М І Н И Я Р Ґ
Т О Б Р О Д І Н Н Я Ю Й А Ь
І Ш У К Б П К З Д О Р О В Я
В Д И С Т О А Д А Є М Ґ Л Т
Н Ь И Х П Ж Л О Я А І Х Е О
И Ч Я А Е И О Р Д К Щ Г Н К
Й Я Т Б Я В Р О Р Ю І А Н С
Б І Л К И Н І В В Ґ С С Я И
Х І С И Я И Й И И Ь Ц Б Т Н
Д І Є Т А Й Ч Й С Е І Ч Н Ь
```

ГІРКИЙ	ВАГА
АПЕТИТ	БІЛКИ
КАЛОРІЙ	ЯКІСТЬ
ВУГЛЕВОДІВ	СОУС
ЇСТІВНИЙ	ЗДОРОВ'Я
ДІЄТА	ЗДОРОВИЙ
ТРАВЛЕННЯ	СПЕЦІЇ
БРОДІННЯ	ТОКСИН
РІДИНИ	ВІТАМІН
ПОЖИВНИЙ	

59 - Matematica

```
П А Р А Л Е Л О Г Р А М К Д
Т Р И К У Т Н И К Є С Д У Е
Б А Г А Т О К У Т Н И К Т С
Ю К П Ґ А Ц Ж П П А М Ґ И Я
Т Щ Н Х М П Ч А О Л Е Б Р Т
П Д І А М Е Т Р К К Т И Я К
Р Л С Ф Е Р А А А О Р С Ш О
І Г О Щ Ґ И Н Л З Б І У С В
В Т И Щ Р М Ш Е Н С Я М Г И
Н Б Д А А Е Е Л И Я Р А Ґ Й
Я Ц Я Ц Д Т Ю Ь К Г Ж Д В Д
Н О У І І Р Ф Н С Д Е С Т Ю
Н Х Е М У Е Г И Ч Т К Е Ч Г
Я С А Х С П М Й К Д Я Ш В І
```

КУТИ	БАГАТОКУТНИК
ОКРУГ	ПЛОЩА
ДЕСЯТКОВИЙ	РАДІУС
ДІАМЕТР	СФЕРА
РІВНЯННЯ	СИМЕТРІЯ
ПОКАЗНИК	СУМА
ПАРАЛЕЛЬНИЙ	ТРИКУТНИК
ПАРАЛЕЛОГРАМ	ОБСЯГ
ПЕРИМЕТР	

60 - Bagno

В	Ґ	И	Д	Н	Ч	И	И	Р	Т	С	Б	Є	Ш
М	Ь	Р	Б	И	Д	Г	І	Б	У	І	Ж	Н	Р
Л	У	Л	Е	П	Ц	У	Д	С	А	Ш	О	О	Е
О	В	А	Н	Н	А	Б	Ш	Ю	Л	О	Н	Ж	Ф
С	Б	П	А	Р	Р	К	Ш	М	Е	Є	И	И	Д
Ь	У	Т	Ґ	Д	Ч	А	Ю	А	Т	В	П	Ц	К
Й	Л	Ц	К	С	Д	Е	Ф	К	М	Ь	Т	І	И
О	Ь	Н	Т	В	О	Д	А	Р	И	П	Г	Ш	Ч
Н	Б	Е	И	Е	Б	К	Ь	А	Л	Я	У	И	Ш
П	А	Р	Ф	У	М	И	Л	Н	О	В	Д	Н	Д
Е	Ш	Я	Х	В	Щ	А	Щ	Х	С	Ч	С	К	Ь
Ц	К	И	Л	И	М	О	К	О	М	Т	Т	Я	А
Х	И	Д	З	Е	Р	К	А	Л	О	С	Щ	Г	Ш
С	А	А	Е	Щ	О	Я	П	Е	Ю	Х	Н	Ш	И

ВОДА	ПАРФУМИ
РУШНИК	КРАН
ВАННА	МИЛО
БУЛЬБАШКИ	ШАМПУНЬ
ДУШ	ДЗЕРКАЛО
НОЖИЦІ	ГУБКА
ТУАЛЕТ	КИЛИМОК
ЛОСЬЙОН	ПАР

61 - Meditazione

Д	У	П	П	С	П	І	В	Ч	У	Т	Т	Я	П
О	В	Р	Р	О	Е	Я	О	В	Х	К	Е	Ю	Е
Б	А	И	И	С	С	Ю	Ш	П	І	П	Є	Л	Р
Р	Г	Й	Р	П	Е	Т	М	У	З	И	К	А	С
О	А	Н	О	О	А	М	А	Є	Щ	И	Н	П	П
Т	Є	Я	Д	К	У	И	О	В	Я	Ж	Ч	О	Е
А	К	Т	А	І	Ю	Р	Ю	Ц	А	Ю	К	Д	К
Г	Ч	Т	Л	Й	К	Д	Є	К	І	Я	Д	Я	Т
П	Х	Я	С	Н	І	С	Т	Ь	Ч	Ї	И	К	И
В	У	Д	М	И	А	Ц	Г	С	Р	У	Х	А	В
Щ	П	М	У	Й	Ц	О	Т	О	О	Ґ	А	Т	А
Р	О	З	У	М	О	В	И	Й	З	Ю	Н	И	Х
И	Ц	И	Д	Р	К	К	Б	Щ	У	Я	Н	Ш	Ж
Р	У	Х	С	Н	Ч	И	Б	Ш	М	М	Я	А	К

ПРИЙНЯТТЯ	РУХ
УВАГА	МУЗИКА
СПОКІЙНИЙ	ПРИРОДА
ЯСНІСТЬ	МИР
СПІВЧУТТЯ	ДУМКИ
ЕМОЦІЇ	ПОСТАВА
ДОБРОТА	ПЕРСПЕКТИВА
ПОДЯКА	ДИХАННЯ
РОЗУМОВИЙ	ТИША
РОЗУМ	

62 - Estate

А	И	В	П	Ю	Ф	С	Д	П	А	Х	П	Д	В
Р	О	Д	И	Н	А	П	О	П	Г	Ш	І	Р	І
А	М	Ь	Х	П	А	О	З	Л	В	Т	Р	У	Д
Д	І	И	Б	Ц	Щ	Г	В	Я	Л	П	Н	З	П
І	З	І	Р	К	И	А	І	Ж	Т	К	А	І	У
С	А	Ф	Р	У	Б	Д	Л	Я	Б	Ї	Н	Д	С
Т	Ч	Є	І	Я	П	И	Л	Ч	С	Ж	Н	Щ	Т
Ь	Ф	К	Г	Ф	Т	Є	Я	К	А	А	Я	Ю	К
Д	Г	Х	Е	А	Л	Я	Ч	Н	Н	Щ	Д	Б	А
И	Ґ	Ц	Ц	М	О	Р	Е	И	Д	Ж	У	П	У
І	Я	К	Б	Х	П	И	И	Г	А	О	Н	В	У
В	Г	Ю	И	Е	Л	І	Е	И	Л	Д	Ц	А	П
О	Т	Р	Р	Ґ	Ф	І	Н	Т	І	І	П	І	И
М	У	З	И	К	А	Ж	Щ	Г	Т	М	П	Ш	Ш

ДРУЗІ	КНИГИ
КЕМПІНГ	МОРЕ
ДІМ	МУЗИКА
ЇЖА	СПОГАДИ
РОДИНА	САНДАЛІ
САД	ПЛЯЖ
ІГРИ	ЗІРКИ
РАДІСТЬ	ДОЗВІЛЛЯ
ПІРНАННЯ	ВІДПУСТКА

63 - Escursionismo

```
Д  Ь  Ш  Ц  В  Ф  С  У  П  Р  Є  Н  А  К
П  В  М  Ц  Ю  Є  О  И  Г  Т  Б  Е  Е  А
В  К  Л  І  М  А  Т  И  У  Х  П  Б  В  Р
А  А  Н  Н  П  П  Є  Е  П  О  І  Е  Т  Т
Ж  М  Н  Ю  К  А  Ш  П  А  Р  Д  З  О  А
К  Е  М  П  І  Н  Г  Р  Р  І  Г  П  М  Ю
И  Н  Ч  О  Б  О  Т  И  К  Є  О  Е  И  С
Й  І  Г  Г  Т  В  А  Р  И  Н  Т  К  В  О
В  Т  О  О  Д  Ц  О  О  К  Т  О  И  С  Н
С  Ю  Р  Д  А  И  Л  Д  Ф  А  В  Х  Я  Ц
Б  А  А  А  В  Т  К  А  А  Ц  К  К  І  Е
Ш  Г  М  Ф  И  М  Щ  И  Щ  І  А  Є  І  И
Ґ  І  Ґ  І  Ь  С  Є  Я  Й  Я  Д  Я  Ь  Щ
Е  Є  Щ  Х  Т  Х  Г  Є  Д  О  И  Ь  Л  Ж
```

ВОДА	НЕБЕЗПЕКИ
ТВАРИН	ВАЖКИЙ
КЕМПІНГ	КАМЕНІ
КЛІМАТ	ПІДГОТОВКА
КАРТА	ДИКИЙ
ПОГОДА	СОНЦЕ
ГОРА	ВТОМИВСЯ
ПРИРОДА	ЧОБОТИ
ОРІЄНТАЦІЯ	САМІТ
ПАРКИ	

64 - Professioni #1

```
Ь П Х У Д О Ж Н И К Л Ш Є Б
Б І Є М И С Л И В Е Ц Ь М А
П А С А Н Т Е Х Н І К Є У Н
Ф Н К Ф А Р М А Ц Е В Т З К
А І А П С И Х О Л О Г Д И І
М С Р Г У Д С Х П М Г Я К Р
Е Т Т Ю В Е Л І Р Щ Е Д А Н
Д Н О Р Р Е Д А К Т О Р Н Х
С К Г Ж О П О С О Л Л Щ Т В
Е Х Р О У Н О Ь У С О П Р Ч
С Л А О Ґ Ґ О С Ґ Х Г С Е Е
Т Я Ф Б Р Б А М Щ Ж Ф Х Н Н
Р Т А Н Ц Ю Р И С Т О Е Е И
А І У Щ К А Д В О К А Т Р Й
```

ТРЕНЕР
ПОСОЛ
ХУДОЖНИК
АСТРОНОМ
АДВОКАТ
ТАНЦЮРИСТ
БАНКІР
МИСЛИВЕЦЬ
КАРТОГРАФ
РЕДАКТОР

ФАРМАЦЕВТ
ГЕОЛОГ
ЮВЕЛІР
САНТЕХНІК
МЕДСЕСТРА
МУЗИКАНТ
ПІАНІСТ
ПСИХОЛОГ
ВЧЕНИЙ

65 - Antartide

```
Ф И Ж С С К Е Л Я С Т И Й М
Т Г Л Т Е М П Е Р А Т У Р А
І Я Х М А Р И П В Б Н К О К
Г О К Н М Ц Е О Ж О Я Ю З И
Е С О А І Е Щ Д Л П Д А Б Т
О Т Н У Г К О О О І Е А Е І
Г Р Т К Р С Г С М В О М Р В
Р І И О А П Д Л І О И Ю Е Д
А В Н В Ц Е Л І Н С Ц Щ Ж І
Ф Г Е И І Д Ґ Д Е Т І Р Е Щ
І Ж Н Й Я И Д Н Р Р Н Х Н Ч
Я Я Т Ґ Л Ц С И А І К Г Н Д
Б У Х Т А І Ж К Л В М Ч Я Ш
І Л Е Щ Б Я Д Щ И О Я Я Е Я
```

ВОДА	МІГРАЦІЯ
СЕРЕДОВИЩЕ	МІНЕРАЛИ
БУХТА	ХМАРИ
КИТІВ	ПІВОСТРІВ
ЗБЕРЕЖЕННЯ	ДОСЛІДНИК
КОНТИНЕНТ	СКЕЛЯСТИЙ
ГЕОГРАФІЯ	НАУКОВИЙ
ЛІД	ЕКСПЕДИЦІЯ
ОСТРІВ	ТЕМПЕРАТУРА

66 - Libri

```
І Р Є К О Н Т Е К С Т В И Є
Л С Т Р А Г І Ч Н И Й Є Д Ц
І С Т О Р І Н К А В І Р Ш Г
Т И П О Д В І Й Н І С Т Ь К
Е В И І Р Л А Ч Є Ж К В Б О
Р І Н С И І У Ю О В Л И П Л
А Д А Т Є О Я Т С Н Ґ П П Е
Т П П О З А Н У Р Е Н Н Я К
У О И Р Ч Р Т П І Ф Р Т Х Ц
Р В С И И Р О М А Н Г І Х І
Н І А Ч Т Г Е П О П Е Ї Я Я
И Д Н Н А Я О П О В І Д А Ч
Й Н А И Ч С Ч Д Є Г Ц Щ К С
Ф І Ц Й Ц Ш К Д А В Т О Р Г
```

АВТОР	СТОРІНКА
ПРИГОДА	ВІРШ
КОЛЕКЦІЯ	ВІДПОВІДНІ
КОНТЕКСТ	РОМАН
ПОДВІЙНІСТЬ	НАПИСАНА
ЕПОПЕЇ	СЕРІЯ
ЗАНУРЕННЯ	ІСТОРІЯ
ЛІТЕРАТУРНИЙ	ІСТОРИЧНИЙ
ЧИТАЧ	ТРАГІЧНИЙ
ОПОВІДАЧ	

67 - Geografia

```
П І В Н І Ч М Е Р И Д І А Н
В И С О Т А Ф Я Ф П Ь А И Р
Ф А Р И Ь А К С Ч М У Б У М
Ь О Е Л Л А Р Е Г І О Н Л
Т Е Р И Т О Р І Я О В С К Ф
К И Ґ Н Ф Д Т Ч Л Р Х Щ Т Щ
О Р М О Р Е А К О А С Л С О
Н З А Х І Д А А П С К Ш Ш А
Т Е Ю Ї Д І Т Щ І Г Т И В О
И Ф Е Н Н Ф Л В В К І Р П Є
Н С В І Т А А Н Д Д Є О І Р
Е М П А Л Ґ С Ф Е В А Т С В
Н Д О В Г О Т А Н Є Е А О В
Т П І В К У Л Я Ь Ф М Я Б Е
```

ВИСОТА	МОРЕ
АТЛАС	МЕРИДІАН
МІСТО	СВІТ
КОНТИНЕНТ	ГОРА
ПІВКУЛЯ	ПІВНІЧ
РІЧКА	ЗАХІД
ОСТРІВ	КРАЇНА
ШИРОТА	РЕГІОН
ДОВГОТА	ПІВДЕНЬ
КАРТА	ТЕРИТОРІЯ

68 - Cibo #1

```
І Ь Е Е Т Х П Ф Т В І В Л Ц
К Я Є Е Х Ь О Л В А Ґ Ю М У
М О Л О К О Л Ь Ґ С І Л Ь К
П Ф Р І П А У Н Л И М О Н О
Г В Я И М М Н Е В Л С Т М Р
Л А Ч У Ц Ь И Д Н Ь Ч О О П
Т Ь М Ф С Я Ц Д Ю А А Р Р Л
Є С І К Ц К Я О Ф Д С Т К Б
Є Ь Н Ц И Б У Л Я Є Н У В И
Г І Ь С А Л А Т Г Ь И Н А Ж
М Р Ш П И Н А Т У Е К Е Р Х
Ч Я У М Я Т А Ч Ь Д Л Ц Р Б
Ц Н С Ш М Ф М І Ш Е У Ь Х І
У Х С О А И И И С А Л Ґ Л К
```

ЧАСНИК
ВАСИЛЬ
КОРИЦЯ
М'ЯСО
МОРКВА
ЦИБУЛЯ
ПОЛУНИЦЯ
САЛАТ
МОЛОКО
ЛИМОН

М'ЯТА
ЯЧМІНЬ
ГРУША
РІПА
СІЛЬ
ШПИНАТ
СІК
ТУНЕЦЬ
ТОРТ
ЦУКОР

69 - Aeroplani

```
Н А Д У Т И Ф І Н Б З И Е Ц
Ґ Ґ І С Т О Р І Я У А Ю К Л
Я О Х І Ш Ж Щ Н Щ Д П Ф І С
Ц І Е С Ю Г Ф Ч Ю І У Ж П Д
А Т М О С Ф Е Р А В С П А И
В О Д Е Н Ь Т Ш П Н К П Ж З
Г П А С А Ж И Р В И С О Т А
П В І У І Ж П Р Ш Ц П В Я Й
Р О И Л И Щ А Ш С Т У І Н Н
И Г С Н О В Л Ж С В С Т Е В
Г Е Р А Т Т И У П О К Р Б Р
О Г У У Д И В Щ Ф Я Н Я О Н
Д Д С Ш П К О Д В И Г У Н Н
А Ш Щ Х І Ю А Н А П Р Я М К
```

ВИСОТА	СПУСК
ПОВІТРЯ	ГВИНТИ
АТМОСФЕРА	ЕКІПАЖ
ПОСАДКА	НАДУТИ
ПРИГОДА	ВОДЕНЬ
ПАЛИВО	ЗАПУСК
НЕБО	ДВИГУН
БУДІВНИЦТВО	ПАСАЖИР
ДИЗАЙН	ПІЛОТ
НАПРЯМ	ІСТОРІЯ

70 - Pirati

```
П О Г А Н И Й А Н Л О З Ц Щ
Л Е Г Е Н Д А Ш Т Ш С О Ю Ф
Я Г Ч У К Ю А Т Ч М Т Л Ґ Е
Ж М В Е І Є Г К Ж Д Р О К К
Я Е У М Р Р О М Ш Ч І Т Ґ К
Ф Ч С О К А Р Т А Р В О Ь Г
Ь Ч К Н А Ч М Ь П Р А П О Р
Ю М А Е П Р И Г О Д А М Я Л
Е Г Р Т І Ш В Д К М Б Ь К І
О К Б И Т Р К Ш Т І Ш Щ І П
Ш Я І П А П У Г А Б Ю Д Р Ґ
Е Х Ш П Н Е Б Е З П Е К А И
Н Щ А К А Б Е Х К О М П А С
Н М К Д У Ж Ь Ш Є В Е Ж У Є
```

ЯКІР	ЛЕГЕНДА
ПРИГОДА	КАРТА
ПРАПОР	МОНЕТИ
КОМПАС	ЗОЛОТО
КАПІТАН	ПАПУГА
ПОГАНИЙ	НЕБЕЗПЕКА
ШРАМ	РОМ
ЕКІПАЖ	МЕЧ
ПЕЧЕРА	ПЛЯЖ
ОСТРІВ	СКАРБ

71 - Colori

Ч	Б	Ф	І	О	Л	Е	Т	О	В	И	Й	Ж	І
Б	Е	Ч	О	Р	А	Н	Ж	Е	В	И	Й	О	Н
Л	Ж	Р	Є	І	З	Е	Л	Е	Н	И	Й	В	Д
А	Е	А	В	К	У	Є	Б	Ь	Б	Ч	Г	Т	И
К	В	Ф	Р	О	Р	У	И	Є	М	С	А	И	Г
И	И	Ч	О	Р	Н	И	Й	У	Ч	Е	Т	Й	О
Т	Й	Ю	Ж	И	И	Ж	Б	К	П	Щ	Ґ	І
Н	Ю	Ц	Е	Ч	Й	Г	Й	І	І	І	Д	И	Ґ
И	М	О	В	Н	Ф	М	Л	В	А	Я	Щ	М	Ь
Й	У	Ц	И	Е	Г	У	Е	А	Д	Ю	Ь	Р	Л
А	Є	С	Й	В	О	Я	К	А	Х	Х	В	Н	Ю
М	Ф	Н	С	И	Н	І	Й	С	І	Р	И	Й	И
Б	Ю	Л	О	Й	Н	Ф	Ф	Б	І	Л	И	Й	Ц
М	А	Л	И	Н	О	В	И	Й	Р	Я	Б	Г	И

ОРАНЖЕВИЙ	СІРИЙ
ЛАЗУРНИЙ	ІНДИГО
БЕЖЕВИЙ	КОРИЧНЕВИЙ
БІЛИЙ	ЧОРНИЙ
СИНІЙ	РОЖЕВИЙ
БЛАКИТНИЙ	ЧЕРВОНИЙ
МАЛИНОВИЙ	СЕПІЯ
ФУКСІЯ	ЗЕЛЕНИЙ
ЖОВТИЙ	ФІОЛЕТОВИЙ

72 - Spiaggia

```
С У З Б Е Р Е Ж Ж Я Ю П О М
А Ц Ц И Є Ш Я О Є Ф Є А С Ч
Н Д П М Е Г Р Е Н С О Р Т Ґ
Д В І Т Р И Л Ь Н И К А Р П
А М С П Є Ц К У П Н Е С І Л
Л В О С С К У А Я І А О В А
І І К Р Я Р І Л І Й Н Л А В
Є Д Ь Ь Е А Р М А Ш Б Ь О А
Ж П М Б В Б Т И Ф Г Ч К Л Т
Р У Ш Н И К Б Х Ф Ю У А Е И
П С Г Д С Ч И А Х Ж Р Н У Ч
Ф Т Ґ Ж Г К Е Щ А Д Г Ф А І
Н К У І Л Г Г Б С О Н Ц Е Ж
С А М Ю Ч О В Е Н К Ш Я Є Щ
```

РУШНИК	МОРЕ
ЧОВЕН	ПЛАВАТИ
ВІТРИЛЬНИК	ОКЕАН
СИНІЙ	ПАРАСОЛЬКА
УЗБЕРЕЖЖЯ	ПІСОК
ДОК	САНДАЛІ
КРАБ	РИФ
ОСТРІВ	СОНЦЕ
ЛАГУНА	ВІДПУСТКА

73 - Avventura

```
Н Х Е П Я Ю Х М А Р Ш Р У Т
Х О В И Ж В Н О Т У Д В Р Н
О Ф В Ж Г Ф Я Ж Р Н Ґ П Ґ Е
Р І Є И Х Ю Ґ Л У К Ц Ш Д Б
О Н Р Б Й Е Н И Д Р У З І Е
Б Е З П Е К А В Н А Е П Я З
Р З Р Р Л С В І І С Н Р Л П
І В А И О К І С С А Т О Ь Е
С И Д Р Ь У Г Т Т Щ У Б Н Ч
Т Ч І О Е Р А Ь Ь Т З Л І Н
Ь А С Д Д С Ц Ґ Щ Е І Е С И
У Й Т А Л І І Щ У Ф А М Т Й
Я Н Ь Ю Н Я Я Ґ Т Я З И Ь П
П І Д Г О Т О В К А М Х Щ П
```

ДРУЗІ	МАРШРУТ
ДІЯЛЬНІСТЬ	ПРИРОДА
КРАСА	НАВІГАЦІЯ
ХОРОБРІСТЬ	НОВИЙ
ТРУДНІСТЬ	МОЖЛИВІСТЬ
ЕНТУЗІАЗМ	НЕБЕЗПЕЧНИЙ
ЕКСКУРСІЯ	ПІДГОТОВКА
РАДІСТЬ	ПРОБЛЕМИ
НЕЗВИЧАЙНІ	БЕЗПЕКА

74 - Forme

```
Ж К Т Р Е Г К У Б І К Щ И О
Ц Р Р А Л Ч І О Щ О Н К П В
П И И В І О Б П Л О Щ А Р А
Р В К О П С А К Е О Щ Ф И Л
Я А У Ж С Ц Г Д У Р Ж І З Ь
М Ф Т М Ш С А У П Т Б Є М Н
О Г Н У М П Т Г Л В Г О А И
К Л И А Ю І О А А С Р П Л Й
У К К С П Р К Н Т Ф В К І А
Т Ю М П Я А У С С Е Л П Н Р
Н Л Я К Е М Т Л И Р П С І Т
И І Ц И Л І Н Д Р А О Т Я А
К О Н У С Д И К Р У Г Л И Й
Л А Р М Ц А К Т Ш Ш О Л І Є
```

КУТ	ЛІНІЯ
ДУГА	ОВАЛЬНИЙ
КОЛО	ПІРАМІДА
ЦИЛІНДР	БАГАТОКУТНИК
КОНУС	ПРИЗМА
КУБ	ПЛОЩА
КРИВА	ПРЯМОКУТНИК
ЕЛІПС	КРУГЛИЙ
ГІПЕРБОЛА	СФЕРА
БІК	ТРИКУТНИК

75 - Oceano

Р	М	Ґ	Є	Ж	Щ	Р	И	Б	А	Ш	Я	П	С
Ц	Є	Е	Ф	И	Л	Р	М	В	У	Г	О	Р	І
Л	А	Ш	Д	Т	П	Ж	П	О	Ч	Р	В	И	Л
О	И	Т	Щ	У	І	Ч	І	С	Е	Л	Я	П	Ь
В	М	Д	П	Р	З	К	Ж	Ь	Р	Щ	М	Л	Т
Щ	Ь	У	Ь	К	Р	А	Б	М	Е	К	Щ	И	У
У	С	Т	Р	И	Ц	Я	Ч	И	П	О	Ж	В	Н
Д	Х	Т	С	Д	Н	Ц	М	Н	А	Р	К	И	Е
Д	Е	Л	Ь	Ф	І	Н	П	І	Х	А	И	Ф	Ц
Г	П	М	В	Ґ	В	К	А	Г	А	Л	Т	Ч	Ь
Ь	У	Н	Л	Я	Ж	Х	О	Ю	Ч	О	В	Е	Н
Є	Р	Б	Ю	Ш	Ц	В	У	М	Х	В	И	Л	І
Щ	С	И	К	Р	Е	В	Е	Т	К	И	Р	И	Ф
Ч	Л	А	Х	А	К	У	Л	А	Ш	Й	Ґ	В	Ж

ВУГОР
КИТ
ЧОВЕН
КОРАЛОВИЙ
ДЕЛЬФІН
КРЕВЕТКИ
КРАБ
ПРИПЛИВИ
МЕДУЗА
ХВИЛІ

УСТРИЦЯ
РИБА
ВОСЬМИНІГ
СІЛЬ
РИФ
ГУБКА
АКУЛА
ЧЕРЕПАХА
БУРЯ
ТУНЕЦЬ

76 - Famiglia

```
К Д Н Б А Т Ь К О П М Ч Д Ф
У У Р Ч А В К Ґ Д Р А О И Б
К Щ З У О Б В Л І Е Т Л Т А
О Х П Е Ж Н У І Т Д Е О И Т
М К Ю Ф Н И Р С И О Р В Н Ь
А Л И Є Р В Н Я Я К И І С К
Т С С Е С Т Р А Р Б Н К Т І
И О Г Ф О Х Ь Ь Л Р С Х В В
Б Л И З Н Ю К И А А Ь Щ О С
П Л Е М І Н Н И К Т К Н М Ь
Д И Т И Н А Ф М Г І И Г У К
І И П И Ц Є Г Є Н Т Й Я С И
Д О Ч К А Д Я Д Ь К О Ч П Й
Д Н Ф Х М С Х Ц Ф А Ш С Я С
```

ПРЕДОК	МАТЕРИНСЬКИЙ
ДІТИ	ДРУЖИНА
ДИТИНА	ПЛЕМІННИК
КУЗЕН	БАБУСЯ
ДОЧКА	ДІД
БРАТ	БАТЬКО
БЛИЗНЮКИ	БАТЬКІВСЬКИЙ
ДИТИНСТВО	СЕСТРА
МАТИ	ТІТКА
ЧОЛОВІК	ДЯДЬКО

77 - Veicoli

```
А Е Н Ю О П Л І Т Д К Ф Р В
М В І Є Я Ч О В Е Н Ф Ґ П Е
Е Т Т Ч Ш Г О Р А К Е Т А Л
Т Р Т О П Ґ К Ж О Н Ч Б Т О
Р А Щ В М И Ю А Я М Ц В А С
О К Х Н Щ О Е Б Р Ф П А К И
Ш Т П И В П Б Р Ф А К Н С П
И О С К К В Я І І О В Т І Е
Н Р К П О Ї З Д Л Т Л А Ф Д
И Ф У Р Г О Н Щ В Ь Е Ж Н В
Ь Ю Т Ґ Л М Ь В А И Ш І Щ И
С Щ Е В Е Р Т О Л І Т В Ф Г
Н С Р Л І Т А К Д Е Ф К С У
А В Т О Б У С Ч О Ш О А И Н
```

ЛІТАК	ДВИГУН
АВТОМОБІЛЬ	ЧОВНИК
АВТОБУС	ШИНИ
ЧОВЕН	РАКЕТА
ВЕЛОСИПЕД	СКУТЕР
ВАНТАЖІВКА	ТАКСІ
КАРАВАН	ПОРОМ
ВЕРТОЛІТ	ТРАКТОР
ФУРГОН	ПОЇЗД
МЕТРО	ПЛІТ

78 - Emozioni

С	Р	Б	Л	А	Ж	Е	Н	С	Т	В	О	І	Ю
П	Ж	П	Ю	В	Ч	М	О	Т	Р	Є	Л	Р	Б
О	А	Д	Б	С	Д	С	Ю	Р	П	Р	И	З	М
К	Е	Г	О	Н	О	Я	Р	А	Д	І	С	Т	Ь
І	Ь	И	В	У	Б	Ю	Ч	Х	И	Б	П	Ф	Ґ
Й	М	И	Р	Д	Р	Д	П	Н	З	М	І	С	Т
Н	О	П	Д	Ь	О	Р	Л	І	И	У	В	У	О
И	Г	Р	Д	Г	Т	Ц	Я	Ж	С	Й	Ч	Ч	У
Й	Х	Н	Ю	А	А	Ю	А	Н	Ь	С	У	Щ	С
Ш	С	Є	І	С	П	О	К	І	Й	Х	Т	Ш	Ц
Ь	Я	Г	Ч	В	Ґ	Д	Я	С	М	У	Т	О	К
Ж	Ш	Е	Х	Ю	Г	Ф	Е	Т	Ф	М	Я	Є	Ю
І	Ш	Ч	І	А	Х	Н	Ш	Ь	Ь	Е	Т	С	Ж
З	А	Д	О	В	О	Л	Е	Н	И	Й	Д	Л	К

ЛЮБОВ
БЛАЖЕНСТВО
СПОКІЙНИЙ
ЗМІСТ
ДОБРОТА
РАДІСТЬ
ВДЯЧНИЙ
НУДЬГА
МИР

СТРАХ
ГНІВ
СПІВЧУТТЯ
ЗАДОВОЛЕНИЙ
СЮРПРИЗ
НІЖНІСТЬ
СПОКІЙ
СМУТОК

79 - Natura

```
Ь Р Е Д А П Ю Р Д Б Д Ж І Л
С І Р И Я Р Д И К И Й Ф Х І
В Ч О Н Ц И К А Я Ш І Ф Ш С
Я К З А Р Т Л Т В А Р И Н Р
Т А І М М У Г Ь И Ґ Ж Я У Р
И Ч Я І А Л Х Ф О Ч С С Є Є
Л Т Т Ч Ш О М Р Щ Д Н Ь Щ К
И А Ф Н Г К Ж Г П Ґ О И О С
Щ Ш Б И Л Б Д И О О Г В Й К
Е О И Й С К Е Л І Р Т Ґ И В
К Р А С А Х М А Р И И Е Б К
Ь Р Ф Л П У С Т Е Л Я Е Ґ Ц
С А Т У М А Н Ш Л И С Т Я П
К Б Е З Т У Р Б О Т Н И Й Е
```

ТВАРИН	ЛЬОДОВИК
БДЖІЛ	ГОРИ
АРКТИЧНИЙ	ТУМАН
КРАСА	ХМАРИ
ПУСТЕЛЯ	ПРИТУЛОК
ДИНАМІЧНИЙ	СВЯТИЛИЩЕ
ЕРОЗІЯ	СКЕЛІ
РІЧКА	ДИКИЙ
ЛИСТЯ	БЕЗТУРБОТНИЙ
ЛІС	

80 - Balletto

```
Л Н Л У В С Х Х И І Щ У В Ж
Х А У Д И Т О Р І Я Б П Е Д
О В К Ц Р И Р С Ш К Ш Р Л Щ
Р И Ф Б А Л Е Р И Н А А Л С
К Ч Ж И З Ь О П Л Е С К И Х
Е К Ж В Н К Г Ш Е Є Е Т Т Є
С А Е У И Ф Р Ф М У З И К А
Т Т С А Й Ч А Т Ю Я Щ К Т Ж
Р И Т М Х Х Ф В А Щ З А Е Ґ
Х У Д О Ж Н І Й Т Х О И Х Ь
Е О О В А Я Я І М Н Ц Ш Н Ґ
Т А Н Ц Ю Р И С Т І В Ф І П
К О М П О З И Т О Р Ф Г К Є
І С Р Е П Е Т И Ц І Я К А У
```

НАВИЧКА	М'ЯЗИ
ОПЛЕСКИ	МУЗИКА
ХУДОЖНІЙ	ОРКЕСТР
БАЛЕРИНА	ПРАКТИКА
ТАНЦЮРИСТІВ	РЕПЕТИЦІЯ
КОМПОЗИТОР	АУДИТОРІЯ
ХОРЕОГРАФІЯ	РИТМ
ВИРАЗНИЙ	СТИЛЬ
ЖЕСТ	ТЕХНІКА

81 - Castelli

П	Р	И	Н	Ц	І	И	П	Д	Ю	Є	Л	К	Ш
Ф	А	Г	К	С	Щ	К	Д	Ю	І	Д	Ш	І	Б
Е	Ш	Л	П	Р	И	Н	Ц	Е	С	А	І	Н	Л
О	Є	И	А	Ф	Т	Ґ	К	Х	Д	Ш	М	Ь	А
Д	П	Ц	О	Ц	О	Ц	Г	А	Б	Ґ	П	Є	Г
А	Д	А	Ю	И	Ґ	Р	М	Е	Ч	Н	Е	Д	О
Л	Б	Р	О	Н	Я	С	Т	І	Н	А	Р	И	Р
П	Ц	Ь	А	В	Е	Ж	А	Е	К	П	І	Н	О
Ю	Ю	Х	Е	К	Г	А	Ф	Є	Ц	Ю	Я	О	Д
Т	Ь	І	Ґ	Ю	О	І	С	И	Ш	Я	В	Р	Н
Л	Г	Ш	С	Д	И	Н	А	С	Т	І	Я	І	И
К	А	Т	А	П	У	Л	Ь	Т	А	Х	Е	Г	Й
К	О	Р	О	Л	І	В	С	Т	В	О	А	У	І
Б	Ш	А	И	Г	Ц	Т	К	О	Р	О	Н	А	И

БРОНЯ
КАТАПУЛЬТА
ЛИЦАР
КІНЬ
КОРОНА
ДИНАСТІЯ
ДРАКОН
ФЕОДАЛ
ФОРТЕЦЯ
ІМПЕРІЯ

БЛАГОРОДНИЙ
ПАЛАЦ
СТІНА
ПРИНЦ
ПРИНЦЕСА
КОРОЛІВСТВО
ЩИТ
МЕЧ
ВЕЖА
ЄДИНОРІГ

82 - Campionato

А	И	Л	О	Д	В	М	Д	М	Ч	Ь	Ґ	Л	Я
Є	Ш	І	В	Е	И	Ф	Е	Т	Р	Е	Н	Е	Р
М	У	Г	Ф	Д	Т	И	Г	Д	С	Є	А	Ж	Т
Г	Ч	А	І	Щ	Р	С	Ф	Ч	А	А	І	Д	Ц
Ф	Е	Д	Н	В	И	Т	Щ	Т	С	Л	А	Ґ	Ж
Я	М	П	А	И	В	Р	Є	Ю	Р	Є	Ь	М	Ч
Ґ	П	Е	Л	К	А	А	С	П	О	Р	Т	О	Ю
К	І	Р	І	О	Л	Т	У	І	У	Ч	В	Т	Л
Д	О	Е	С	Н	І	Е	Д	Т	Т	Е	К	И	В
Ь	Н	М	Т	А	С	Г	Д	Ь	Ф	М	Є	В	Ж
М	А	О	А	Н	Т	І	Я	Ь	О	П	Д	А	Є
Ь	Т	Г	Ж	Н	Ь	Я	Г	Е	Х	І	Л	Ц	Ц
И	И	А	Ц	Я	Д	Л	Ґ	Р	У	О	Г	І	Е
Т	У	Р	Н	І	Р	А	О	Щ	И	Н	І	Я	Я

TRENER
ЧЕМПІОНАТ
ЧЕМПІОН
ФІНАЛІСТ
ІГРИ
СУДДЯ
ЛІГА
МЕДАЛЬ
МОТИВАЦІЯ

ВИКОНАННЯ
ВИТРИВАЛІСТЬ
СПОРТ
КОМАНДА
СТРАТЕГІЯ
ПІТ
ТУРНІР
ПЕРЕМОГА

83 - Foresta Pluviale

```
Х  В  В  И  Ж  И  В  А  Н  Н  Я  Р  К  К
М  У  И  К  О  Р  І  Н  Н  І  Ф  Е  О  Л
А  П  З  Д  С  Е  Ш  Д  Ж  О  П  С  М  І
Р  Р  Б  Ф  С  Г  Ц  Л  Г  К  М  Т  А  М
И  И  Е  Щ  А  М  Ф  І  Б  І  Ї  А  Х  А
Ґ  Р  Р  Ж  В  О  Д  А  Р  П  Г  В  Ю  Т
А  О  Е  М  Ц  Х  Ж  Є  Х  Р  І  Р  Р  Є
Ю  Д  Ж  Г  І  У  У  П  П  И  Б  А  Д  Є
Ш  А  Е  А  Ь  Ж  Н  О  Ю  Т  У  Ц  Д  М
Ц  І  Н  Н  И  Й  Г  В  Ґ  У  М  І  П  Ш
П  У  Н  Е  Я  Х  Л  А  І  Л  Т  Я  Ф  Щ
Т  Е  Я  Ґ  Ф  Ь  І  Г  Р  О  М  А  Д  А
А  Ч  Н  А  Д  Ґ  Ф  А  У  К  Х  К  Р  К
Х  А  Б  О  Т  А  Н  І  Ч  Н  И  Й  У  Б
```

АМФІБІЇ
БОТАНІЧНИЙ
КЛІМАТ
ГРОМАДА
ДЖУНГЛІ
КОРІННІ
КОМАХ
ССАВЦІ
МОХ
ПРИРОДА

ХМАРИ
ЗБЕРЕЖЕННЯ
ЦІННИЙ
РЕСТАВРАЦІЯ
ПРИТУЛОК
ПОВАГА
ВИЖИВАННЯ
ВИД
ПТАХ

84 - Edifici

С	К	Є	Л	Г	У	Р	Т	О	Ж	И	Т	О	К
Т	В	П	А	Е	О	Т	Х	Ф	П	Ь	О	Л	К
А	А	О	Б	С	Е	Р	В	А	Т	О	Р	І	Я
Д	Р	С	О	Ш	А	Ю	Ю	Б	С	Н	Я	К	У
І	Т	О	Р	К	І	Н	О	Р	У	Ц	Т	А	Ц
О	И	Л	А	Е	Ф	А	Ж	И	П	И	Ж	Р	Ш
Н	Р	Ь	Т	З	А	М	О	К	Е	Я	Х	Н	К
Г	А	С	О	М	В	Е	Ж	А	Р	Ц	Щ	Я	О
О	Г	Т	Р	С	У	Т	К	Ш	М	Ґ	В	Ф	Л
Т	Ф	В	І	Т	А	З	Т	К	А	Б	І	Н	А
Е	Л	О	Я	У	Є	Р	Е	П	Р	Т	М	Є	Ж
Л	И	Ф	Ч	Е	Я	Д	А	Й	К	П	Н	П	Р
Ь	Ь	Д	Ф	Ю	Н	Ґ	Т	Й	Е	Х	С	Н	Д
Д	А	Л	Щ	П	Ч	О	Р	Ф	Т	Е	Ь	Я	Г

ПОСОЛЬСТВО
КВАРТИРА
КАБІНА
ЗАМОК
КІНО
ФАБРИКА
САРАЙ
ГОТЕЛЬ
ЛАБОРАТОРІЯ
МУЗЕЙ

ЛІКАРНЯ
ОБСЕРВАТОРІЯ
ГУРТОЖИТОК
ШКОЛА
СТАДІОН
СУПЕРМАРКЕТ
ТЕАТР
НАМЕТ
ВЕЖА

85 - Paesi #2

```
Ґ І У Є Е Г Л Н К Ж Р Ь Ь Н
Р Г Р Ц Ч Е Ф І О П І Я Ф І
Р Е Р Л Ь Ф Е Х Б Я С П Ч Г
Ф М С Е А Р Е І Д Е И О Є Е
Д Ь М Т Ц Н Е П А Л Р Н Ц Р
С У Д А Н І Д У Н А І І Г І
Я М А Й К А Я І І О Я Я Я Я
У К Р А Ї Н А О Я С Ю У О М
У Ч А Х І Н Д О Н Е З І Я Е
Ґ А Ї Т І П А К И С Т А Н К
А Л Б А Н І Я Є Л Б П Щ В С
Н Н Ф Ф Є С Є Є Р О С І Я И
Д Л Щ Н У Щ Х И Л Ґ Л К К К
А Я Д У П І У І Б Щ Ж С В А
```

АЛБАНІЯ
ДАНІЯ
ЕФІОПІЯ
ЯМАЙКА
ЯПОНІЯ
ГРЕЦІЯ
ГАЇТІ
ІНДОНЕЗІЯ
ІРЛАНДІЯ
ЛАОС

ЛІБЕРІЯ
МЕКСИКА
НЕПАЛ
НІГЕРІЯ
ПАКИСТАН
РОСІЯ
СИРІЯ
СУДАН
УКРАЇНА
УГАНДА

86 - Tipi di Capelli

Ш	Щ	И	Р	Б	А	Д	В	Р	Ж	Ж	К	Е	К
Л	И	С	И	Й	Л	Щ	Т	Е	А	О	У	П	О
С	У	Х	И	Й	Т	О	Н	К	И	Й	Ч	Л	Р
Ч	В	П	М	У	Ш	О	Н	Д	Ч	Ш	Е	Е	О
Г	Л	А	Д	К	И	Й	В	Д	О	Х	Р	Т	Т
В	О	Є	Г	Х	Х	К	О	С	И	В	И	Е	К
Х	В	И	Л	Я	С	Т	И	Й	Т	Н	Г	Н	И
С	Р	І	Б	Л	О	Ч	О	Р	Н	И	Й	И	Й
С	Ш	П	І	З	Д	О	Р	О	В	И	Й	Й	Й
І	Є	Ж	Л	М	К	У	Ч	Е	Р	Я	В	И	Й
Р	Ж	Р	И	Я	А	Т	Г	Л	Т	А	Г	Х	К
И	О	Ю	Й	К	О	Р	И	Ч	Н	Е	В	И	Й
Й	Ц	Щ	Б	И	Е	С	Ф	Ґ	Л	Х	Б	Х	Г
У	Д	Д	Д	Й	Ф	Т	Х	П	О	Ю	П	Ь	Ь

СРІБЛО	КОРИЧНЕВИЙ
СУХИЙ	М'ЯКИЙ
БІЛИЙ	ЧОРНИЙ
БЛОНДИН	ХВИЛЯСТИЙ
КОРОТКИЙ	КУЧЕРЯВИЙ
ЛИСИЙ	КУЧЕР
СІРИЙ	ЗДОРОВИЙ
ПЛЕТЕНИЙ	ТОНКИЙ
ГЛАДКИЙ	ТОВСТИЙ
ДОВГИЙ	КОСИ

87 - Vestiti

```
Н Ш Д А С К А П Е Л Ю Х Щ С
О А А Щ Д П І Ж А М А Б Ж Р
У Р М И Н О І Ф А Р Т У Х Ш
Щ Ф Е И И Я Ш Д Ж И Н С И Т
П Щ Ц Я С С Щ Г Н М О Д А А
Ч П К Є К Т П Б Ґ И Г Л Н Н
В З У Т Т Я О Л С Ч Ц Е Б И
Г Я Х Н Ж Л Ш У А Г Ь Я Р П
Д Л Щ О М Ч К З Н Т Я Є А А
А Ф Ф Є И И У К Д Г Т С С Л
С Д С В Е Т Р А А Ю О Я Л Ь
А Е И У Ж И Т Т Л У А Ц Е Т
Ч С О Р О Ч К А І Х Ш Ч Т О
П Ш Р Р У К А В И Ч К И В И
```

ПЛАТТЯ	ФАРТУХ
БРАСЛЕТ	РУКАВИЧКИ
БЛУЗКА	ДЖИНСИ
СОРОЧКА	СВЕТР
КАПЕЛЮХ	МОДА
ПАЛЬТО	ШТАНИ
ПОЯС	ПІЖАМА
НАМИСТО	САНДАЛІ
КУРТКА	ВЗУТТЯ
СПІДНИЦЯ	ШАРФ

88 - Attività e Tempo Libero

```
С  А  Ґ  Т  П  Ж  А  Ш  Ю  Я  С  В  М  П
Е  Л  Х  О  Б  І  К  Л  Б  Р  А  О  И  І
Р  Т  У  Ю  К  Е  Е  П  А  О  Д  Л  С  Р
Ф  У  Т  Б  О  Л  М  Л  С  З  І  Е  Т  Н
І  В  К  Ф  О  Д  П  А  К  С  В  Й  Е  А
Н  В  Е  Т  Ж  Р  І  В  Е  Л  Н  Б  Ц  Н
Г  О  Л  Ь  Ф  И  Н  А  Т  А  И  О  Т  Н
О  Т  Ц  М  Ю  Б  Г  Н  Б  Б  Ц  Л  В  Я
Б  Е  Й  С  Б  О  Л  Н  О  Л  Т  Ф  О  Ф
Ч  Н  Ц  Ю  Ь  Л  Н  Я  Л  Ю  В  Щ  М  М
Ц  І  Т  Ч  Ф  О  Ш  Н  Р  Ю  О  Ф  П  Я
Щ  С  И  Е  Г  В  Щ  Г  Х  Ч  Б  О  К  С
В  Д  А  К  Щ  Л  М  Ґ  К  И  М  Е  Ю  Ґ
Б  Л  П  К  Є  Я  К  М  С  Й  Ж  В  І  Р
```

МИСТЕЦТВО	ХОБІ
БЕЙСБОЛ	ПІРНАННЯ
БАСКЕТБОЛ	ПЛАВАННЯ
БОКС	ВОЛЕЙБОЛ
ФУТБОЛ	РИБОЛОВЛЯ
КЕМПІНГ	РОЗСЛАБЛЮЮЧИЙ
САДІВНИЦТВО	СЕРФІНГ
ГОЛЬФ	ТЕНІС

89 - Tecnologia

```
І Ч Д Ф П Ґ Ц А Х В У Є Н Д
Н Ч Н О Д Ф Ц И Ф Р О В И Й
Т Ю Г Р С Ф Х Л К А М Е Р А
Е М Ю Ж Б Л О Г М Ф В Б Б Б
Р К Ш Н Ґ Б І Д Д А Н І А Е
Н О Р Ч Ч Р Щ Д А Й О Н Й З
Е М И А Х А Ь У Ж Л Н Ф Т П
Т П Ф В Н У Х В Ш Е М И Ф Е
Е Ю Т И М З Г А И У Н Р В К
Л Т Н Х Т Е В І Р У С Н А А
У Е Є К У Р С О Р П Н Х Я Ш
Г Р П О В І Д О М Л Е Н Н Я
В І Р Т У А Л Ь Н И Й О Є Т
С Т А Т И С Т И К А У Б Я Р
```

БЛОГ	ІНТЕРНЕТ
БРАУЗЕР	ПОВІДОМЛЕННЯ
БАЙТ	ДОСЛІДЖЕННЯ
КОМП'ЮТЕР	ЕКРАН
КУРСОР	БЕЗПЕКА
ДАНІ	СТАТИСТИКА
ЦИФРОВИЙ	КАМЕРА
ФАЙЛ	ВІРТУАЛЬНИЙ
ШРИФТ	ВІРУС

90 - Arte

```
П Р О С Т И Й Т В Ь Ґ Д І Ч
С А С К О Ф А Я В В И Г Ф А
И П О У Р С Г О Ф О И Ч Ц А
М Ц Б Л И Ю Г П Х Щ Р Р І Н
В І И Ь Г Р А О К М Д И А И
О Ь С П І Р Ч Е С Н И Й Т З
Л Н Т Т Н Е У З С К Л А Д И
К У И У А А О І Ч М Є Г Г Л
Б А Й Р Л Л О Я М У Н Я О Ч
К Е Р А М І Ч Н І Щ Ц У Ь Ю
Ь І Д Т О З С К Л А Д Н И Й
Г К Н Ю И М Ц Ж О Е В У Ґ Щ
А Б Я Я Е Н А С Т Р І Й Т М
У А Ж П В Ц И П Р Е Д М Е Т
```

КЕРАМІЧНІ	ОСОБИСТИЙ
СКЛАДНИЙ	ПОЕЗІЯ
СКЛАД	СКУЛЬПТУРА
ТВОРИТИ	ПРОСТИЙ
КАРТИНИ	СИМВОЛ
ВИРАЗ	ПРЕДМЕТ
ЧЕСНИЙ	СЮРРЕАЛІЗМ
ОРИГІНАЛ	НАСТРІЙ

91 - Meteo

```
В Ш П Ч Д Ж Е Ю Х Ц Є К Я Е
І К О У Р А Г А Н М Щ Н І Ш
Т Б Л И С К А В К А А Т В Ґ
Е У Я К Т У М А Н Т Г Р И М
Р Р Р Б Л Б Щ Т Н М Д О А Т
Ш Ш Н Я Г І Ґ Ф Е О Ґ П Щ О
Ц Б И Я І Б М К Б С Щ І Ю Р
І Ш Й К Б Ґ Ф А О Ф Б Ч Б Н
Ж Ш Л І Д П Ю С Т Е Г Н Р А
М У С О Н И О П Л Р У И И Д
В Е С Е Л К А С Г А Ч Й З О
Е Н Т М И Л Е У У Л Ч Ш Х Л
А Г Ш Т Ц Ж Ш Х Ш Х Д Є Л Н
У С И Б Г Л Р І П В А Ю Щ Ю
```

ВЕСЕЛКА	ХМАРА
СУХІ	ПОЛЯРНИЙ
АТМОСФЕРА	ПОСУХА
БРИЗ	БУР
НЕБО	ТОРНАДО
КЛІМАТ	ТРОПІЧНИЙ
БЛИСКАВКА	ГРИМ
ЛІД	УРАГАН
МУСОН	ВІТЕР
ТУМАН	

92 - Corpo Umano

В	И	І	Ш	Ж	Л	Ґ	К	Г	О	Л	О	В	А
П	Ґ	В	Б	И	Ч	Д	Т	Ш	Є	Ц	Б	Л	Д
О	А	Ц	В	Е	И	Е	Я	Ш	І	І	О	М	Є
С	Б	Л	Б	Ж	У	Ш	Ю	Г	С	Е	Р	Ц	Е
Л	Є	Л	Е	І	К	Р	О	В	У	Х	О	Ц	Ч
О	К	О	И	Ц	Б	Н	І	С	Ч	Щ	Т	И	П
Б	М	І	Щ	Ч	Ь	Г	Ь	Є	У	Л	Б	Ш	І
Р	Н	О	Г	А	Ч	Л	І	К	О	Т	Ь	К	К
Т	У	Щ	І	Ш	И	Я	П	Л	Е	Ч	Е	І	Т
Щ	И	К	О	Л	О	Т	К	И	В	О	Г	Р	М
П	Ґ	Т	А	Ф	Ь	Ґ	К	О	Л	І	Н	А	О
П	І	Д	Б	О	Р	І	Д	Д	Я	Л	Р	Л	З
Ц	Ґ	Ц	Л	Л	Ш	А	Т	Е	Щ	Ч	Р	Ґ	О
Ґ	Б	Ь	П	Х	Ш	Л	А	Ш	Л	У	Н	О	К

РОТ
ЩИКОЛОТКИ
МОЗОК
ШИЯ
СЕРЦЕ
ПАЛЕЦЬ
ОБЛИЧЧЯ
НОГА
КОЛІНА
ЛІКОТЬ

РУКА
ПІДБОРІДДЯ
НІС
ОКО
ВУХО
ШКІРА
КРОВ
ПЛЕЧЕ
ШЛУНОК
ГОЛОВА

93 - Mammiferi

```
К  В  С  К  Х  Б  К  С  Г  Є  У  І  К  Я
І  І  О  Л  Щ  И  Л  И  С  И  Ц  Я  Ж  Ґ
Ш  В  Ф  Е  О  К  Е  Н  Г  У  Р  У  Е  Ю
К  Ц  Ь  В  Ц  Н  И  В  Е  Д  М  І  Д  Ь
А  Я  В  Ю  Ч  Б  А  Т  М  А  В  П  А  К
Ж  Щ  Я  О  Ь  Ю  Б  Ж  Х  Т  А  Б  И  Р
П  Л  Я  Ґ  Л  Т  І  Ж  Щ  Р  С  Н  Х  О
Р  Ц  Ю  К  Ц  К  Р  К  Ф  М  Р  Ч  Я  Л
К  І  Н  Ь  В  О  В  К  Є  Ж  И  Г  А  И
О  Л  Е  Н  Ь  Й  Ю  З  Л  О  И  О  А  К
Н  Ф  М  Д  Г  О  П  Е  С  В  В  Р  И  И
О  Щ  А  Ж  Р  Т  К  Б  К  І  Ь  И  А  И
Д  Е  Л  Ь  Ф  І  Н  Р  Ю  Д  Е  Л  Ю  Ф
І  В  К  Ж  Н  У  И  А  Ь  Ч  Х  А  Ю  Ґ
```

КИТ	ЖИРАФ
ПЕС	ГОРИЛА
КЕНГУРУ	ЛЕВ
КІНЬ	ВОВК
ОЛЕНЬ	ВЕДМІДЬ
КРОЛИК	ВІВЦЯ
КОЙОТ	МАВПА
ДЕЛЬФІН	БИК
СЛОН	ЛИСИЦЯ
КІШКА	ЗЕБРА

94 - Arrampicata

С	Н	П	Г	М	Н	Н	Ш	Д	П	Ч	Р	І	Щ
Ф	Т	А	Е	Ю	Н	І	О	Х	Р	О	У	Д	А
Р	Л	А	В	Ч	Л	Ж	Л	А	О	Б	К	І	Ц
Ш	Ц	П	Б	Ч	Е	У	О	М	Б	О	А	Щ	Е
И	І	Р	Ч	І	А	Р	М	Е	Л	Т	В	Н	К
А	К	Т	Ь	Я	Л	Н	А	Я	Е	И	И	Д	С
А	А	Б	П	Ж	Я	Ь	Н	Ф	М	Ю	Ч	Н	П
Ю	В	И	С	О	Т	А	Н	Я	И	К	К	Ь	Е
Ф	І	З	И	Ч	Н	И	Й	І	Л	А	И	Т	Р
Ф	С	В	У	З	Ь	К	И	Й	С	Р	Ь	Р	Т
Щ	Т	Е	Ф	І	Ґ	Ю	Ґ	А	Ч	Т	Я	А	Ц
Ц	Ь	А	Т	М	О	С	Ф	Е	Р	А	Ь	В	Щ
С	И	Л	А	Р	Ґ	И	Б	Ж	Г	П	Я	М	О
К	Л	Ь	Г	Ж	О	Ц	Б	Ч	Г	В	Ш	А	М

ВИСОТА
АТМОСФЕРА
ШОЛОМ
ЦІКАВІСТЬ
ЕКСПЕРТ
ФІЗИЧНИЙ
НАВЧАННЯ
СИЛА

ПЕЧЕРА
РУКАВИЧКИ
ТРАВМА
КАРТА
ПРОБЛЕМИ
СТАБІЛЬНІСТЬ
ЧОБОТИ
ВУЗЬКИЙ

95 - Animali Domestici

В	Е	Т	Е	Р	И	Н	А	Р	М	К	И	С	Х
П	Л	Т	Ґ	Л	І	У	Ф	Ф	И	І	Д	Ч	В
Н	К	В	Л	Є	Я	Е	Е	В	Ш	Ш	Ч	Я	І
К	Р	И	Б	А	І	Ч	У	Ч	А	К	Е	В	С
О	О	Щ	Є	Г	И	А	А	Ю	У	А	Р	О	Т
З	Л	Р	У	А	В	Х	Ж	Ь	Х	Є	Е	Д	І
А	И	Н	О	П	А	П	У	Г	А	Ф	П	А	К
Ґ	К	Г	Е	В	Я	Ж	Є	Б	Т	К	А	Ю	О
Л	А	П	И	А	А	К	Ї	Н	И	П	Х	Р	Ш
Д	С	Х	О	М	Я	К	О	Ж	В	Ь	А	Е	Е
Е	К	Л	Ь	П	Р	І	М	А	Н	Ь	Р	Н
У	Д	Ц	У	Ц	Е	Н	Я	Щ	І	Р	К	А	Я
Ж	Д	Ю	П	В	С	Ч	И	В	Ж	Р	Т	Р	Ґ
С	Е	Я	Р	Р	Л	В	К	Ж	Х	А	Ш	Е	Ч

ВОДА	КІШКА
ПЕС	ЯЩІРКА
КОЗА	КОРОВА
ЇЖА	ПАПУГА
ХВІСТ	РИБА
КОМІР	ЧЕРЕПАХА
КРОЛИК	МИША
ХОМ'ЯК	ВЕТЕРИНАР
ЦУЦЕНЯ	ЛАПИ
КОШЕНЯ	

96 - Cucina

Н	Р	Ф	Н	Т	С	П	Ц	Щ	С	О	Т	Ґ	Ю
Г	С	Ї	О	Ч	Е	Г	У	Б	К	А	Д	О	Л
Ь	В	Ц	Ж	Г	Р	И	Л	Ь	Ф	Ґ	І	Ч	Б
П	І	Ч	І	А	В	Д	И	Е	Л	О	Ж	К	И
Ц	Ф	Ю	Г	Л	Е	К	Р	Л	Ч	Є	К	Р	О
Є	Ч	Ж	Х	Ф	Т	Д	Ю	Л	М	И	А	Е	Ґ
Ч	А	Й	Н	И	К	В	И	Л	К	И	К	Ц	И
Н	Ш	Ч	Г	Ц	А	Б	Ч	Х	Г	Ю	П	Е	Р
Ф	А	Р	Т	У	Х	Ю	Р	А	Ч	А	Г	П	С
П	А	Л	И	Ч	К	А	М	И	Ш	Ш	Х	Т	П
А	И	О	Ц	Є	Н	Л	Ю	Т	П	К	В	Ф	Е
Х	О	Л	О	Д	И	Л	Ь	Н	И	К	И	Ш	Ц
М	О	Р	О	З	И	Л	Ь	Н	И	К	О	Б	І
Ч	Д	Х	У	Л	Т	Н	Б	У	Ь	Ж	Ь	Ь	Ї

ПАЛИЧКАМИ
ЧАЙНИК
ГЛЕЧИК
ЇЖА
ЧАША
НОЖІ
МОРОЗИЛЬНИК
ЛОЖКИ
ВИЛКИ
ПІЧ

ХОЛОДИЛЬНИК
ФАРТУХ
ГРИЛЬ
РЕЦЕПТ
СПЕЦІЇ
ГУБКА
ЧАШКИ
СЕРВЕТКА
ГЛЕК

97 - Vacanze #2

```
Ш  Н  Т  А  К  С  І  В  І  З  А  Ш  Н  Е
К  А  Р  Т  А  Н  Д  Г  Я  Х  К  В  Ф  Ь
П  М  О  Р  Е  А  Н  О  В  Ж  Е  Н  Ю  Ю
А  Е  Р  О  П  О  Р  Т  З  К  М  Ж  Т  М
С  Т  О  Б  О  У  Л  Е  Щ  В  П  Ц  Ш  Ф
П  В  О  Д  Д  О  П  Л  І  І  І  Є  Ф  О
О  Е  Я  Т  О  Г  С  Ь  П  Ш  Н  Л  Г  Т
Р  Е  Ч  Т  Р  М  Ш  Т  Ж  М  Г  П  Л  О
Т  П  І  О  О  А  М  М  Р  Ю  І  О  П  Я
І  Я  А  Н  Ж  Т  И  Ь  Д  І  Ф  Ї  Л  Ф
І  Н  О  З  Е  М  Е  Ц  Ь  Р  В  З  Я  Ь
Т  Р  А  Н  С  П  О  Р  Т  Ю  Л  Д  Ж  Ж
П  Р  И  З  Н  А  Ч  Е  Н  Н  Я  А  М  Є
С  Ч  І  Р  Е  С  Т  О  Р  А  Н  Ф  С  І
```

АЕРОПОРТ	ПЛЯЖ
КЕМПІНГ	ІНОЗЕМЕЦЬ
ПРИЗНАЧЕННЯ	ТАКСІ
ФОТО	ДОЗВІЛЛЯ
ГОТЕЛЬ	НАМЕТ
ОСТРІВ	ТРАНСПОРТ
КАРТА	ПОЇЗД
МОРЕ	СВЯТО
ПАСПОРТ	ПОДОРОЖ
РЕСТОРАН	ВІЗА

98 - Attività

```
С  І  Р  Ю  П  І  К  Щ  Б  Л  С  Ґ  І  Ґ
А  Н  Е  О  Щ  М  Б  Е  П  Н  Г  М  Н  У
Д  Т  М  Р  З  И  П  Ч  Р  М  Є  Е  А  Е
І  Е  Е  О  Ц  С  О  И  С  А  Ь  Ф  В  Н
В  Р  С  Ш  Ц  Т  Л  Т  И  Г  М  К  И  З
Н  Е  Л  В  И  Е  Ю  А  И  І  А  І  Ч  А
И  С  А  И  А  Ц  В  Н  Б  Я  Л  Г  К  Г
Ц  И  І  Ш  У  Т  А  Н  Р  Л  Ц  Р  А  А
Т  А  Н  Ц  І  В  Н  Я  Ш  Г  Е  И  Ь  Д
В  Ш  Х  Х  Г  О  Н  Ш  Ю  К  Ж  Н  Ш  К
О  Ч  И  Л  Х  Ч  Я  Ч  Ч  Є  И  Р  Н  И
Ц  Ф  О  Т  О  Г  Р  А  Ф  І  Я  Ш  Е  Я
І  Ч  У  Х  Т  Р  И  Б  О  Л  О  В  Л  Я
Х  Б  П  Т  О  Я  Х  К  Е  М  П  І  Н  Г
```

НАВИЧКА
МИСТЕЦТВО
РЕМЕСЛА
ПОЛЮВАННЯ
КЕМПІНГ
КЕРАМІКА
ШИТТЯ
ТАНЦІ
ФОТОГРАФІЯ

САДІВНИЦТВО
ІГРИ
ІНТЕРЕСИ
ЧИТАННЯ
МАГІЯ
РИБОЛОВЛЯ
ЗАГАДКИ
РОЗСЛАБЛЕННЯ

99 - Forniture Artistiche

```
Ж Д М Ч А К В А Р Е Л І Т Г
Е Х Б Щ О К О Л Ь О Р И Н У
Т Х О Ш Д Р Р Ь Г Л И Н А М
Ж К Н Ґ Ф Ц Н И Б І Е О П К
Т А Б Л И Ц Я И Л Я К Ш А А
Я Ж Ц Ґ Л С Х І Л О Х Ь П М
К А М Е Р А В Д С О В И І О
У Е Ф Ь О Д П Е Ц Л О И Р Л
К Є У К Х Щ А Ї Щ І Д Ф Й Ь
Т В О Р Ч І С Т Ь В А А П Б
А П У І Г Т Т К У Ц Ю Р Щ Е
В Ю Ш С Р К Е С Л І В Б Ф Р
Ч Х А Л В А Л К Л Е Й И Ю Т
А В Ґ О П Ґ І Е Я Ґ Ю М Д Б
```

ВОДА	ІДЕЇ
АКВАРЕЛІ	ЧОРНИЛО
АКРИЛОВИЙ	ОЛІВЦІ
ГЛИНА	ОЛІЯ
ПАПІР	ПАСТЕЛІ
МОЛЬБЕРТ	КРІСЛО
КЛЕЙ	ЩІТКА
КОЛЬОРИ	ТАБЛИЦЯ
ТВОРЧІСТЬ	КАМЕРА
ГУМКА	ФАРБИ

100 - Misurazioni

```
С  Р  О  Ґ  Ш  Д  О  В  Ж  И  Н  А  Х  С
Б  Ь  Б  Б  Д  Е  Г  Я  Ю  П  К  Ґ  Г  А
А  Н  С  Н  Ґ  С  Л  Р  А  Л  У  Л  Б  М
Й  Ь  Я  К  Е  Я  И  Ґ  Ґ  О  Х  К  Т  К
Т  К  Г  С  С  Т  Б  Х  В  И  Л  И  Н  А
П  І  Н  Т  А  К  И  Щ  А  К  Т  Г  Ц  К
Т  Л  И  У  Т  О  Н  Ґ  Г  Б  В  Щ  Л  П
Ц  О  Ч  П  Е  В  А  Б  А  Р  Л  Л  Ю  Ж
У  Г  Н  І  Я  И  Ц  І  Х  К  А  І  І  Я
Н  Р  Л  Н  И  Й  Ґ  Ю  Д  Ю  Й  М  Т  Л
Ц  А  К  Ь  А  Ш  И  Р  И  Н  А  Е  Т  Р
І  М  К  І  Л  О  М  Е  Т  Р  Є  Т  Ю  Д
Я  Щ  Ч  Н  Х  В  И  С  О  Т  А  Р  Б  Ю
С  А  Н  Т  И  М  Е  Т  Р  Ц  Е  Н  Б  А
```

ВИСОТА
БАЙТ
САНТИМЕТР
КІЛОГРАМ
КІЛОМЕТР
ДЕСЯТКОВИЙ
СТУПІНЬ
ГРАМ
ШИРИНА
ЛІТР

ДОВЖИНА
МЕТР
ХВИЛИНА
УНЦІЯ
ВАГА
ПІНТА
ДЮЙМ
ГЛИБИНА
ТОННА
ОБСЯГ

1 - Scacchi

2 - Aggettivi #2

3 - Mobili

4 - Pesca

5 - Aggettivi #1

6 - Geologia

7 - Campeggio

8 - Arti Visive

9 - Tempo

10 - Autunno

11 - Astronomia

12 - Circo

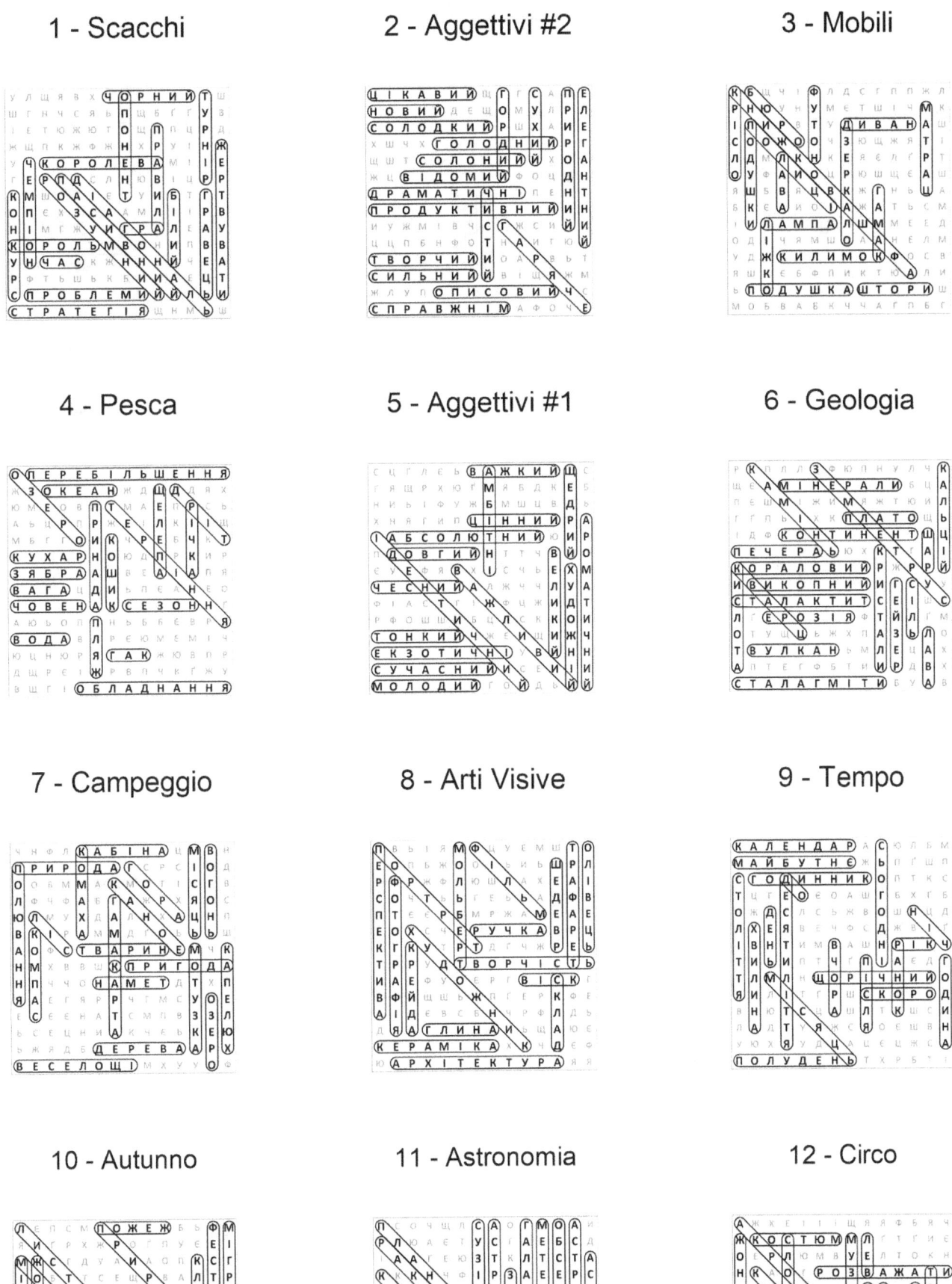

13 - Mitologia

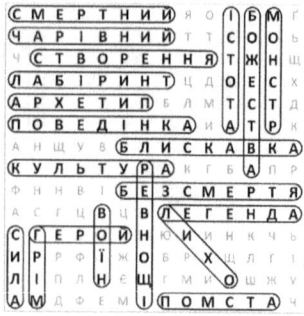

14 - Piante

15 - Spezie

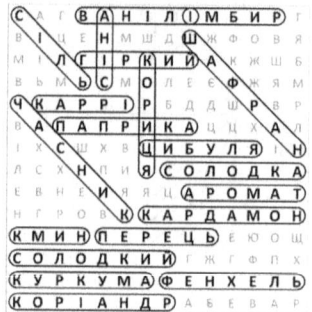

16 - Numeri

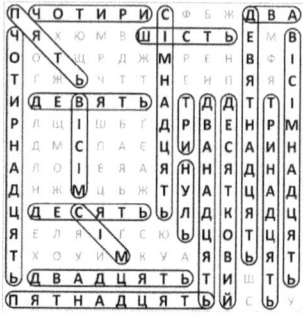

17 - Cioccolato

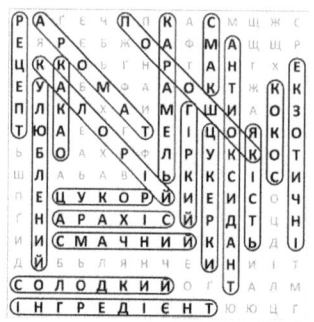

18 - Guida

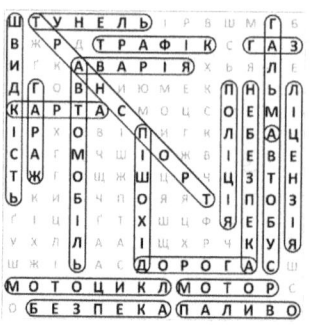

19 - Sport

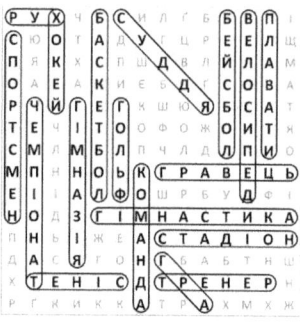

20 - Giocattoli

21 - Uccelli

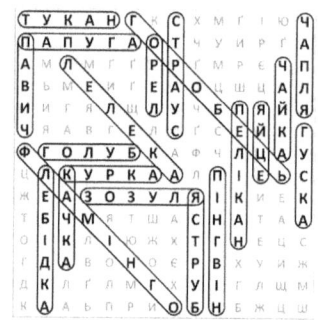

22 - Giorni e Mesi

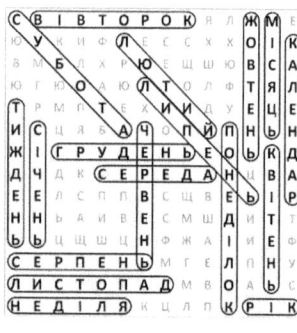

23 - Casa

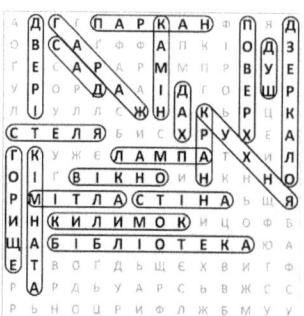

24 - Ristorante #1

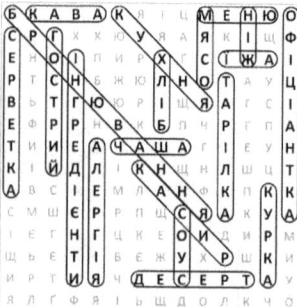

25 - Fantascienza

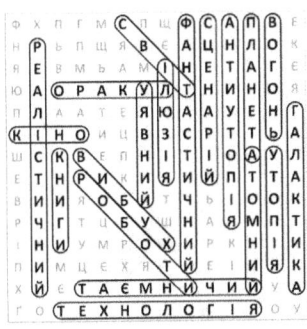

26 - Città

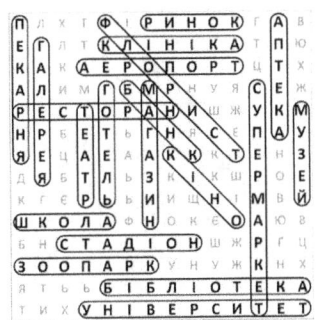

27 - Virtù #1

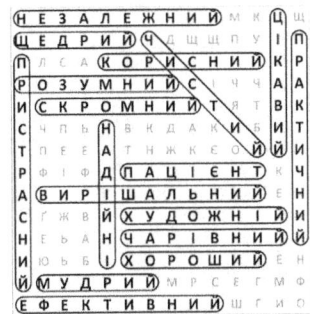

28 - Compleanno

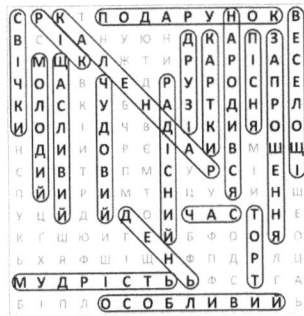

29 - Fattoria #1

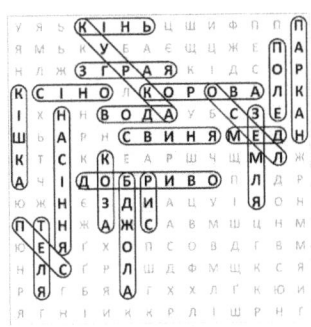

30 - Paesaggi

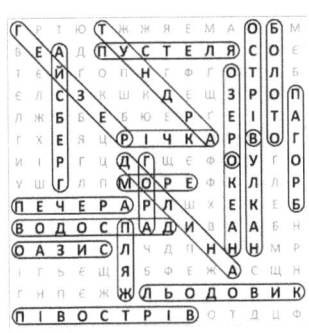

31 - Ristorante #2

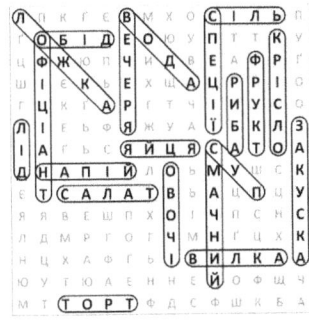

32 - Giardino

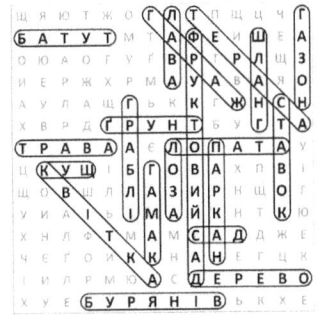

33 - Frutta

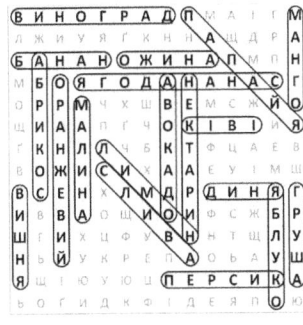

34 - Fattoria #2

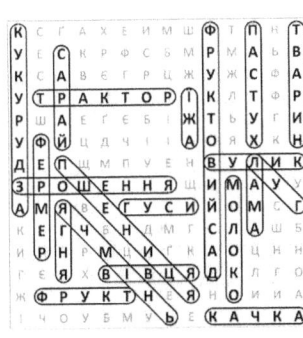

35 - Dinosauri

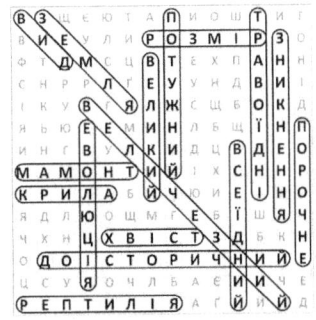

36 - Verdure

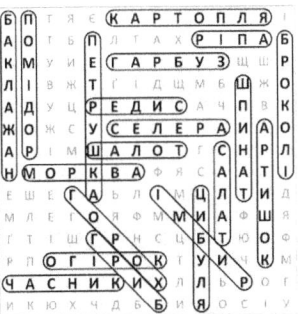

37 - Scuola #2

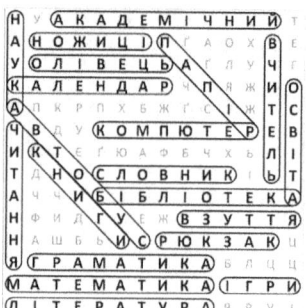

38 - Barbecue

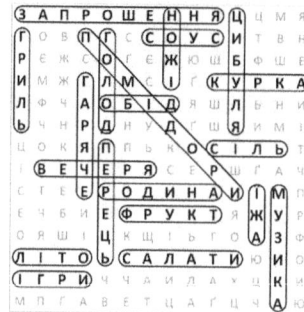

39 - Riempire

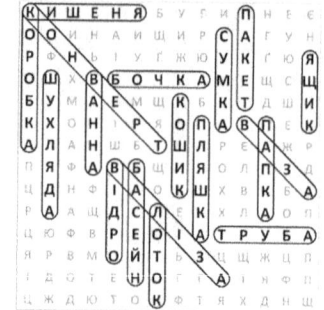

40 - Insetti

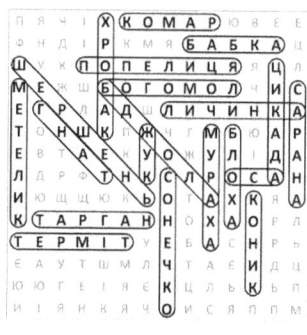

41 - Erboristeria

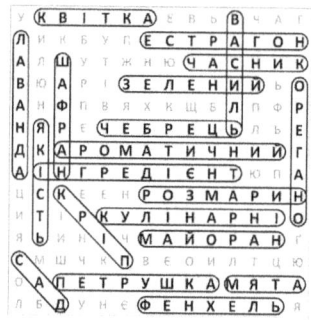

42 - Danza

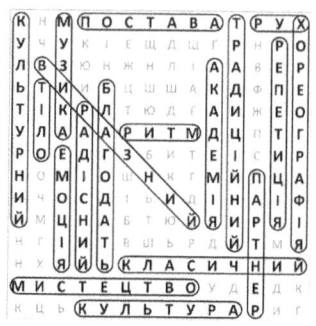

43 - Commedia

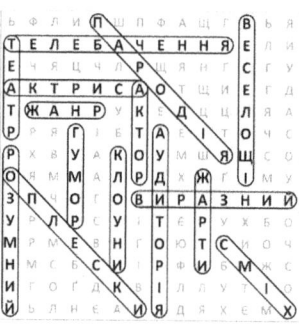

44 - Scuola #1

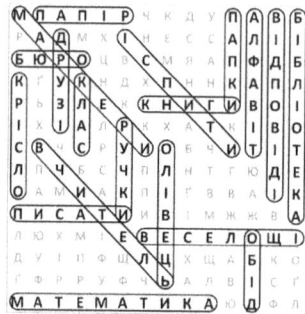

45 - Fiori

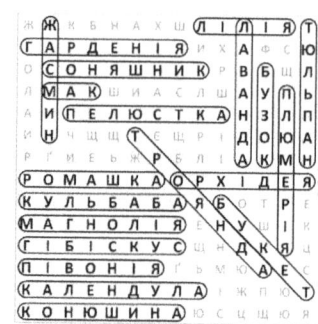

46 - Ecologia

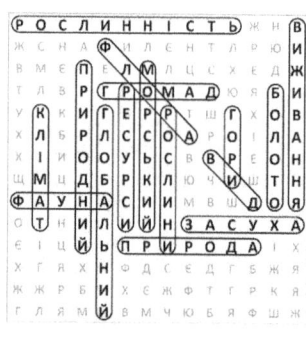

47 - Discipline Scientifiche

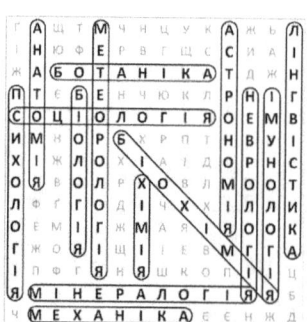

48 - Scienza

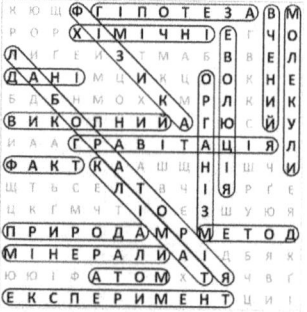

49 - Acqua

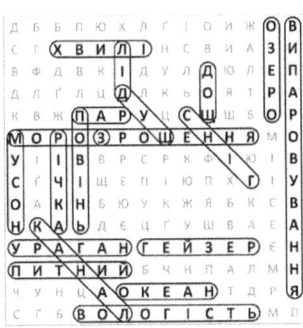

50 - Gatti

51 - Surf

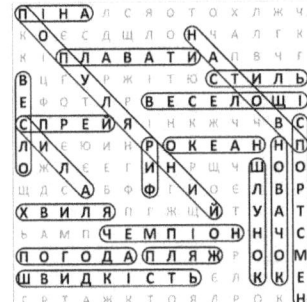

52 - Imbarcazioni

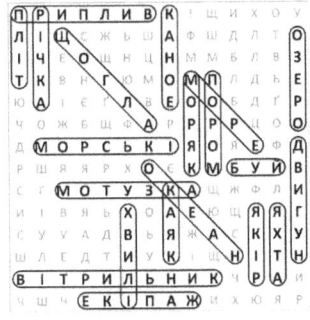

53 - Api

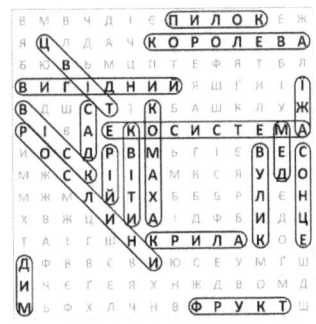

54 - Strumenti Musicali

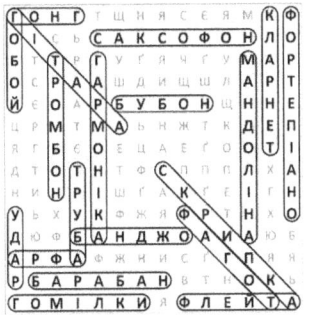

55 - Professioni #2

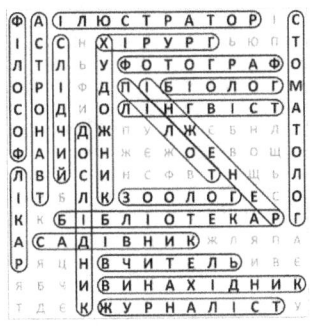

56 - Letteratura

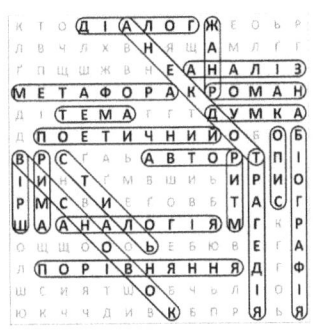

57 - Cibo #2

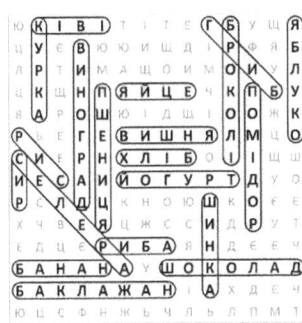

58 - Nutrizione

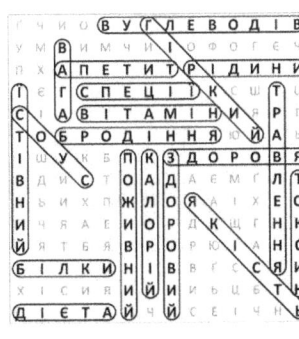

59 - Matematica

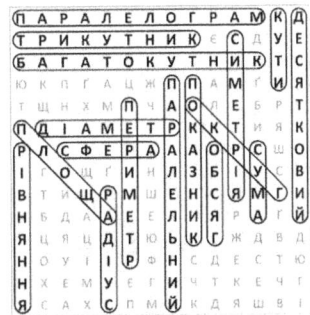

60 - Bagno

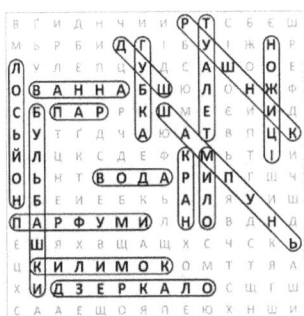

61 - Meditazione

62 - Estate

63 - Escursionismo

64 - Professioni #1

65 - Antartide

66 - Libri

67 - Geografia

68 - Cibo #1

69 - Aeroplani

70 - Pirati

71 - Colori

72 - Spiaggia

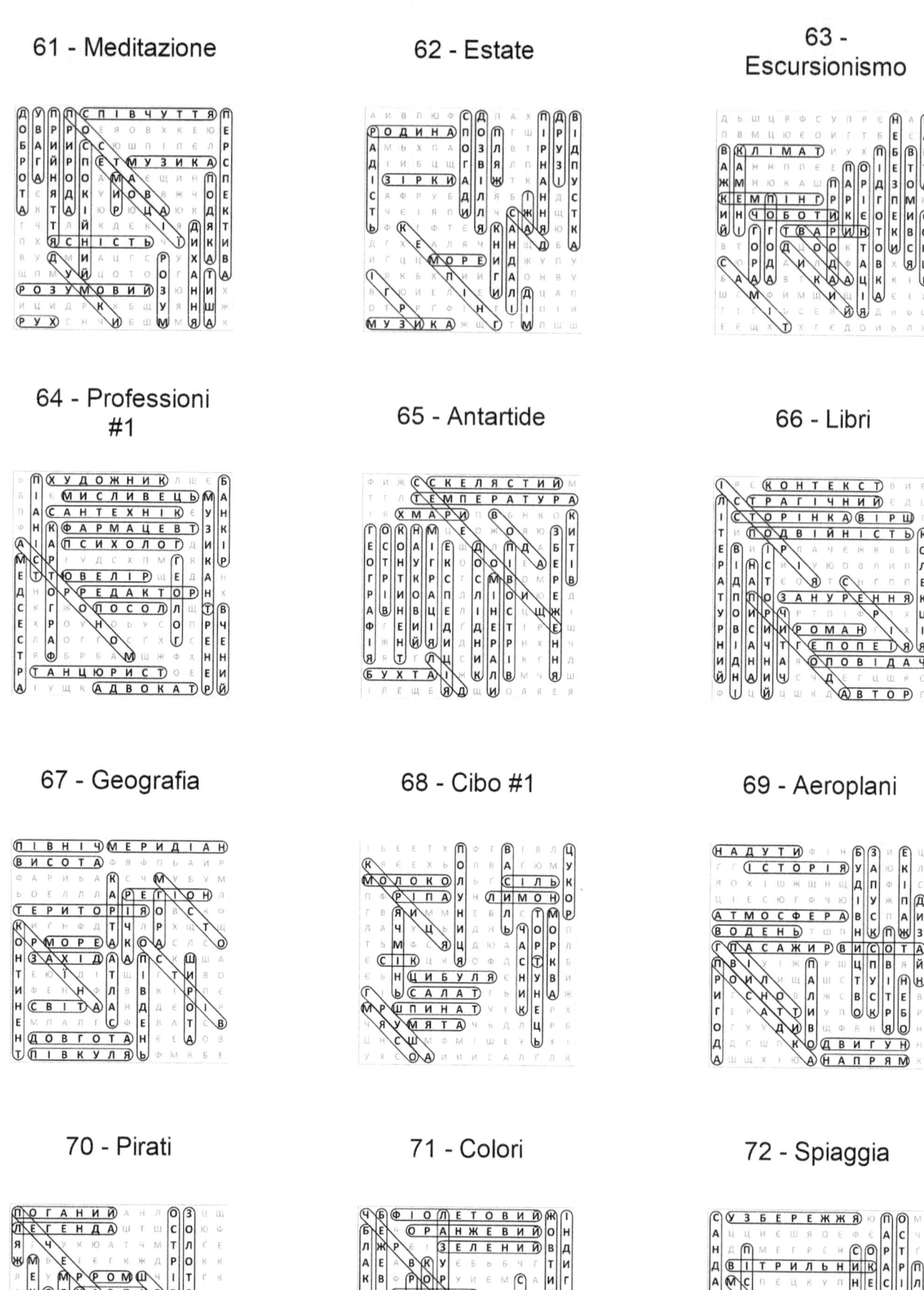

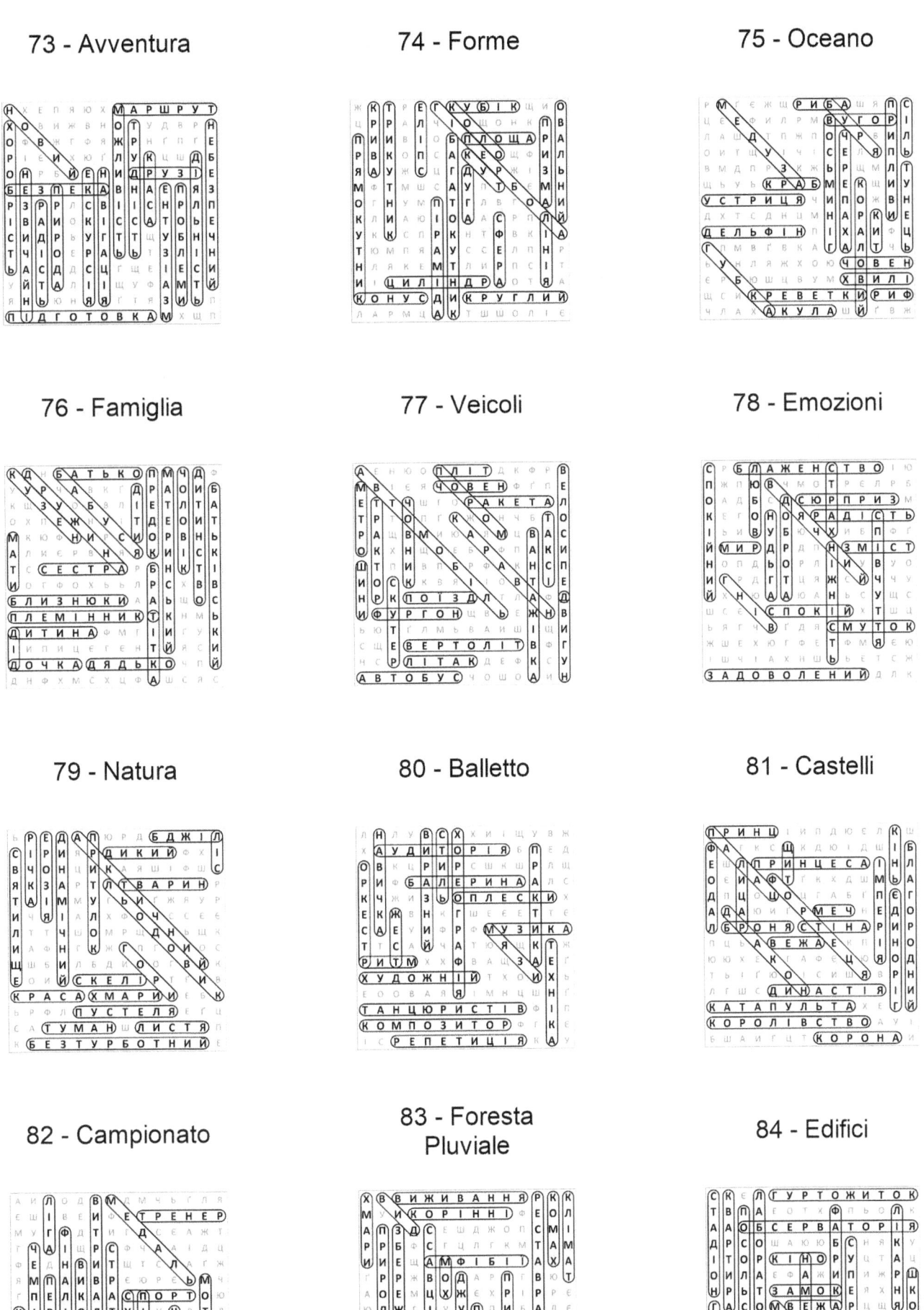

73 - Avventura

74 - Forme

75 - Oceano

76 - Famiglia

77 - Veicoli

78 - Emozioni

79 - Natura

80 - Balletto

81 - Castelli

82 - Campionato

83 - Foresta Pluviale

84 - Edifici

85 - Paesi #2

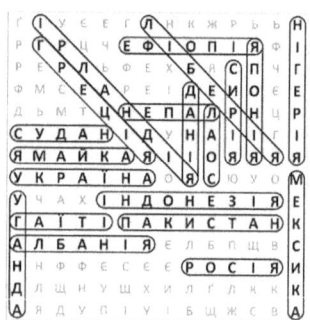

86 - Tipi di Capelli

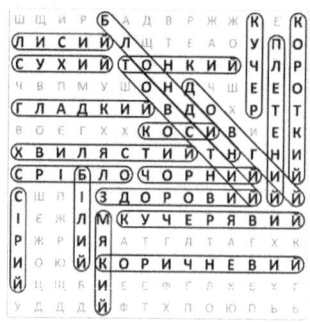

87 - Vestiti

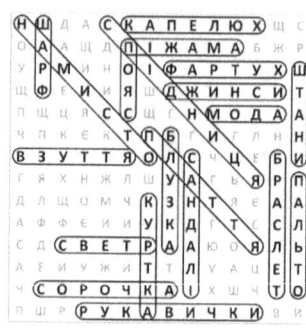

88 - Attività e Tempo Libero

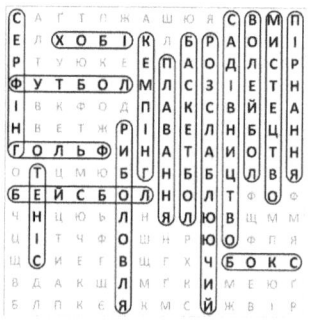

89 - Tecnologia

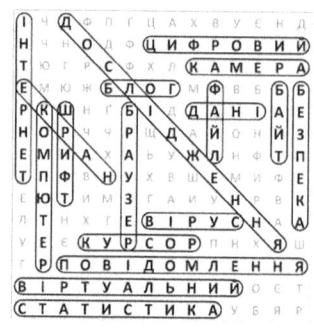

90 - Arte

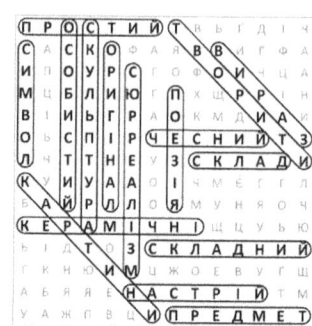

91 - Meteo

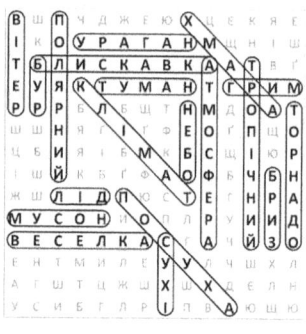

92 - Corpo Umano

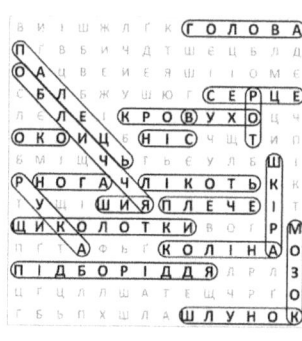

93 - Mammiferi

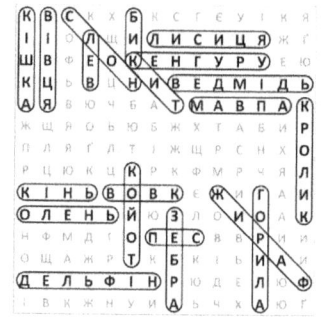

94 - Arrampicata

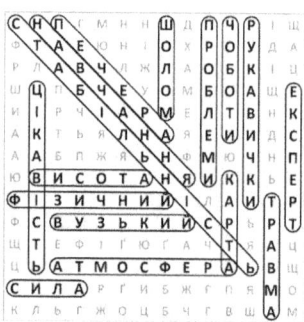

95 - Animali Domestici

96 - Cucina

97 - Vacanze #2

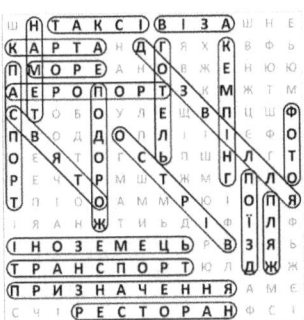

98 - Attività

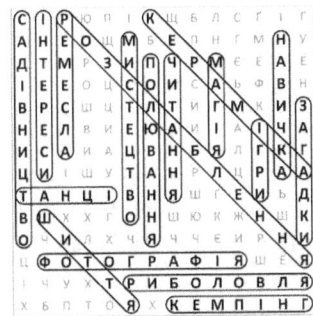

99 - Forniture Artistiche

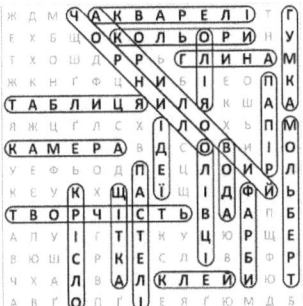

100 - Misurazioni

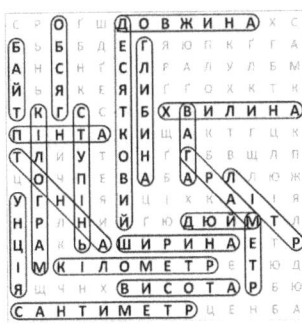

Dizionario

Acqua
Вода

Alluvione	Повінь
Canale	Канал
Doccia	Душ
Evaporazione	Випаровування
Fiume	Річка
Gelo	Мороз
Geyser	Гейзер
Ghiaccio	Лід
Irrigazione	Зрошення
Lago	Озеро
Monsone	Мусон
Neve	Сніг
Oceano	Океан
Onde	Хвилі
Pioggia	Дощ
Potabile	Питний
Umidità	Вологість
Uragano	Ураган
Vapore	Пар

Aeroplani
Літаки

Altezza	Висота
Aria	Повітря
Atmosfera	Атмосфера
Atterraggio	Посадка
Avventura	Пригода
Carburante	Паливо
Cielo	Небо
Costruzione	Будівництво
Design	Дизайн
Direzione	Напрям
Discesa	Спуск
Eliche	Гвинти
Equipaggio	Екіпаж
Gonfiare	Надути
Idrogeno	Водень
Lanciare	Запуск
Motore	Двигун
Passeggero	Пасажир
Pilota	Пілот
Storia	Історія

Aggettivi #1
Прикметники #1

Ambizioso	Амбітні
Aromatico	Ароматичний
Artistico	Художній
Assoluto	Абсолютний
Attivo	Активний
Enorme	Величезний
Esotico	Екзотичні
Generoso	Щедрий
Giovane	Молодий
Grande	Великий
Identico	Ідентичний
Importante	Важливий
Lento	Повільний
Lungo	Довгий
Moderno	Сучасний
Onesto	Чесний
Perfetto	Ідеальний
Pesante	Важкий
Prezioso	Цінний
Sottile	Тонкий

Aggettivi #2
Прикметники #2

Affamato	Голодний
Asciutto	Сухий
Autentico	Справжнім
Caldo	Гаряче
Creativo	Творчий
Descrittivo	Описовий
Dolce	Солодкий
Drammatico	Драматичні
Elegante	Елегантний
Famoso	Відомий
Forte	Сильний
Interessante	Цікавий
Naturale	Природний
Normale	Нормальний
Nuovo	Новий
Orgoglioso	Гордий
Produttivo	Продуктивний
Puro	Чистий
Salato	Солоний
Sano	Здоровий

Animali Domestici
Домашні Тварини

Acqua	Вода
Cane	Пес
Capra	Коза
Cibo	Їжа
Coda	Хвіст
Collare	Комір
Coniglio	Кролик
Criceto	Хом'Як
Cucciolo	Цуценя
Gattino	Кошеня
Gatto	Кішка
Lucertola	Ящірка
Mucca	Корова
Pappagallo	Папуга
Pesce	Риба
Tartaruga	Черепаха
Topo	Миша
Veterinario	Ветеринар
Zampe	Лапи

Antartide
Антарктида

Acqua	Вода
Ambiente	Середовище
Baia	Бухта
Balene	Китів
Conservazione	Збереження
Continente	Континент
Geografia	Географія
Ghiacciai	Льодовиків
Ghiaccio	Лід
Isole	Острів
Migrazione	Міграція
Minerali	Мінерали
Nuvole	Хмари
Penisola	Півострів
Ricercatore	Дослідник
Roccioso	Скелястий
Scientifico	Науковий
Spedizione	Експедиція
Temperatura	Температура
Topografia	Топографія

Api
Бджола

Ali	Крила
Alveare	Вулик
Benefico	Вигідний
Cera	Віск
Cibo	Їжа
Ecosistema	Екосистема
Fiori	Квіти
Fiorire	Цвіт
Frutta	Фрукт
Fumo	Дим
Giardino	Сад
Insetto	Комаха
Miele	Мед
Piante	Рослини
Polline	Пилок
Regina	Королева
Sciame	Рій
Sole	Сонце

Arrampicata
Сходження

Altitudine	Висота
Atmosfera	Атмосфера
Casco	Шолом
Curiosità	Цікавість
Esperto	Експерт
Fisico	Фізичний
Formazione	Навчання
Forza	Сила
Grotta	Печера
Guanti	Рукавички
Lesione	Травма
Mappa	Карта
Sfide	Проблеми
Stabilità	Стабільність
Stivali	Чоботи
Stretto	Вузький

Arte
Мистецтво

Ceramica	Керамічні
Complesso	Складний
Composizione	Склад
Creare	Творити
Dipinti	Картини
Espressione	Вираз
Ispirato	Запалений
Onesto	Чесний
Originale	Оригінал
Personale	Особистий
Poesia	Поезія
Scultura	Скульптура
Semplice	Простий
Simbolo	Символ
Soggetto	Предмет
Surrealismo	Сюрреалізм
Umore	Настрій
Visivo	Візуальний

Arti Visive
Образотворче Мистецтво

Architettura	Архітектура
Argilla	Глина
Artista	Художник
Capolavoro	Шедевр
Cavalletto	Мольберт
Cera	Віск
Ceramica	Кераміка
Composizione	Склад
Creatività	Творчість
Film	Фільм
Fotografia	Фотографія
Gesso	Крейда
Matita	Олівець
Penna	Ручка
Prospettiva	Перспектива
Ritratto	Портрет
Scultura	Скульптура
Stampino	Трафарет
Vernice	Лак

Astronomia
Астрономія

Asteroide	Астероїд
Astronauta	Астронавт
Astronomo	Астроном
Cielo	Небо
Cosmo	Космос
Costellazione	Сузір'Я
Equinozio	Рівнодення
Galassia	Галактика
Gravità	Гравітація
Luna	Місяць
Meteora	Метеор
Nebulosa	Туманність
Osservatorio	Обсерваторія
Pianeta	Планета
Radiazione	Радіація
Razzo	Ракета
Supernova	Наднова
Telescopio	Телескоп
Terra	Земля
Universo	Всесвіт

Attività
Види Діяльності

Abilità	Навичка
Arte	Мистецтво
Artigianato	Ремесла
Attività	Діяльність
Caccia	Полювання
Campeggio	Кемпінг
Ceramica	Кераміка
Cucire	Шиття
Danza	Танці
Fotografia	Фотографія
Giardinaggio	Садівництво
Giochi	Ігри
Interessi	Інтереси
Lettura	Читання
Magia	Магія
Pesca	Риболовля
Piacere	Задоволення
Puzzle	Загадки
Rilassamento	Розслаблення
Tempo Libero	Дозвілля

Attività e Tempo Libero
Відпочинок та Дозвілля

Arte	Мистецтво
Baseball	Бейсбол
Basket	Баскетбол
Boxe	Бокс
Calcio	Футбол
Campeggio	Кемпінг
Giardinaggio	Садівництво
Golf	Гольф
Hobby	Хобі
Immersione	Пірнання
Nuoto	Плавання
Pallavolo	Волейбол
Pesca	Риболовля
Rilassante	Розслаблюючий
Surf	Серфінг
Tennis	Теніс
Viaggio	Подорожувати

Autunno
Осінь

Abbigliamento	Одяг
Castagne	Каштани
Clima	Клімат
Deciduo	Листяний
Equinozio	Рівнодення
Festival	Фестиваль
Frutteto	Фруктовий Сад
Gelo	Мороз
Ghianda	Жолудь
Incendi	Пожеж
Mele	Яблука
Mesi	Місяці
Meteo	Погода
Migrazione	Міграція
Natura	Природа
Stagionale	Сезонний

Avventura
Пригоди

Amici	Друзі
Attività	Діяльність
Bellezza	Краса
Coraggio	Хоробрість
Destinazione	Призначення
Difficoltà	Трудність
Entusiasmo	Ентузіазм
Escursione	Екскурсія
Gioia	Радість
Insolito	Незвичайні
Itinerario	Маршрут
Natura	Природа
Navigazione	Навігація
Nuovo	Новий
Opportunità	Можливість
Pericoloso	Небезпечний
Preparazione	Підготовка
Sfide	Проблеми
Sicurezza	Безпека
Viaggi	Подорожі

Bagno
Ванна Кімната

Acqua	Вода
Asciugamano	Рушник
Bagno	Ванна
Bolle	Бульбашки
Doccia	Душ
Forbici	Ножиці
Gabinetto	Туалет
Lozione	Лосьйон
Profumo	Парфуми
Rubinetto	Кран
Sapone	Мило
Shampoo	Шампунь
Specchio	Дзеркало
Spugna	Губка
Tappeto	Килимок
Vapore	Пар

Balletto
Балет

Abilità	Навичка
Applauso	Оплески
Artistico	Художній
Ballerina	Балерина
Ballerini	Танцюристів
Compositore	Композитор
Coreografia	Хореографія
Espressivo	Виразний
Gesto	Жест
Grazioso	Витончений
Intensità	Інтенсивність
Muscoli	М'Язи
Musica	Музика
Orchestra	Оркестр
Pratica	Практика
Prova	Репетиція
Pubblico	Аудиторія
Ritmo	Ритм
Stile	Стиль
Tecnica	Техніка

Barbecue
Барбекю

Caldo	Гаряче
Cena	Вечеря
Cibo	Їжа
Cipolle	Цибуля
Coltelli	Ножі
Estate	Літо
Fame	Голод
Famiglia	Родина
Frutta	Фрукт
Giochi	Ігри
Griglia	Гриль
Insalate	Салати
Invito	Запрошення
Musica	Музика
Pepe	Перець
Pollo	Курка
Pomodori	Помідори
Pranzo	Обід
Sale	Сіль
Salsa	Соус

Campeggio
Кемпінг

Alberi	Дерева
Amaca	Гамак
Animali	Тварин
Avventura	Пригода
Bussola	Компас
Cabina	Кабіна
Caccia	Полювання
Canoa	Каное
Cappello	Капелюх
Corda	Мотузка
Divertimento	Веселощі
Foresta	Ліс
Fuoco	Вогонь
Insetto	Комаха
Lago	Озеро
Luna	Місяць
Mappa	Карта
Montagna	Гора
Natura	Природа
Tenda	Намет

Campionato
Чемпіонат

Allenatore	Тренер
Campionato	Чемпіонат
Campione	Чемпіон
Finalista	Фіналіст
Giochi	Ігри
Giudice	Суддя
Lega	Ліга
Medaglia	Медаль
Motivazione	Мотивація
Prestazione	Виконання
Resistenza	Витривалість
Sportivo	Спорт
Squadra	Команда
Strategia	Стратегія
Sudore	Піт
Torneo	Турнір
Vittoria	Перемога

Casa
Будинок

Attico	Горище
Biblioteca	Бібліотека
Camera	Кімната
Camino	Камін
Cucina	Кухня
Doccia	Душ
Finestra	Вікно
Garage	Гараж
Giardino	Сад
Lampada	Лампа
Parete	Стіна
Pavimento	Поверх
Porta	Двері
Recinto	Паркан
Rubinetto	Кран
Scopa	Мітла
Soffitto	Стеля
Specchio	Дзеркало
Tappeto	Килимок
Tetto	Дах

Castelli
Замки

Armatura	Броня
Catapulta	Катапульта
Cavaliere	Лицар
Cavallo	Кінь
Corona	Корона
Dinastia	Династія
Drago	Дракон
Feudale	Феодал
Fortezza	Фортеця
Impero	Імперія
Nobile	Благородний
Palazzo	Палац
Parete	Стіна
Principe	Принц
Principessa	Принцеса
Regno	Королівство
Scudo	Щит
Spada	Меч
Torre	Вежа
Unicorno	Єдиноріг

Cibo #1
Харчування #1

Aglio	Часник
Basilico	Василь
Cannella	Кориця
Carne	М'Ясо
Carota	Морква
Cipolla	Цибуля
Fragola	Полуниця
Insalata	Салат
Latte	Молоко
Limone	Лимон
Menta	М'Ята
Orzo	Ячмінь
Pera	Груша
Rapa	Ріпа
Sale	Сіль
Spinaci	Шпинат
Succo	Сік
Tonno	Тунець
Torta	Торт
Zucchero	Цукор

Cibo #2
Харчування #2

Banana	Банан
Broccolo	Броколі
Ciliegia	Вишня
Cioccolato	Шоколад
Formaggio	Сир
Fungo	Гриб
Grano	Пшениця
Kiwi	Ківі
Mela	Яблуко
Melanzana	Баклажан
Pane	Хліб
Pesce	Риба
Pollo	Курка
Pomodoro	Помідор
Prosciutto	Шинка
Riso	Рис
Sedano	Селера
Uovo	Яйце
Uva	Виноград
Yogurt	Йогурт

Cioccolato
Шоколад

Amaro	Гіркий
Antiossidante	Антиоксидант
Arachidi	Арахіс
Cacao	Какао
Calorie	Калорій
Caramella	Цукерки
Caramello	Карамель
Delizioso	Смачний
Dolce	Солодкий
Esotico	Екзотичні
Gusto	Смак
Gusto	Аромат
Ingrediente	Інгредієнт
Noce di Cocco	Кокос
Polvere	Порошок
Preferito	Улюблений
Qualità	Якість
Ricetta	Рецепт
Zucchero	Цукор

Circo
Цирк

Acrobata	Акробат
Animali	Тварин
Biglietto	Квиток
Caramella	Цукерки
Clown	Клоун
Costume	Костюм
Elefante	Слон
Giocoliere	Жонглер
Intrattenere	Розважати
Leone	Лев
Magia	Магія
Mago	Маг
Mostrare	Показати
Musica	Музика
Parata	Парад
Scimmia	Мавпа
Spettatore	Глядач
Tenda	Намет
Tigre	Тигр

Città
Місто

Aeroporto	Аеропорт
Banca	Банк
Biblioteca	Бібліотека
Cinema	Кіно
Clinica	Клініка
Farmacia	Аптека
Fiorista	Флорист
Galleria	Галерея
Hotel	Готель
Mercato	Ринок
Museo	Музей
Negozio	Магазин
Panetteria	Пекарня
Ristorante	Ресторан
Scuola	Школа
Stadio	Стадіон
Supermercato	Супермаркет
Teatro	Театр
Università	Університет
Zoo	Зоопарк

Colori
Кольори

Arancia	Оранжевий
Azzurro	Лазурний
Beige	Бежевий
Bianco	Білий
Blu	Синій
Ciano	Блакитний
Cremisi	Малиновий
Fucsia	Фуксія
Giallo	Жовтий
Grigio	Сірий
Indaco	Індиго
Marrone	Коричневий
Nero	Чорний
Rosa	Рожевий
Rosso	Червоний
Seppia	Сепія
Verde	Зелений
Viola	Фіолетовий

Commedia
Комедія

Applauso	Оплески
Attore	Актор
Attrice	Актриса
Clown	Клоуни
Divertimento	Веселощі
Espressivo	Виразний
Genere	Жанр
Improvvisazione	Імпровізація
Intelligente	Розумний
Parodia	Пародія
Pubblico	Аудиторія
Risata	Сміх
Scherzi	Жарти
Teatro	Театр
Televisione	Телебачення
Umorismo	Гумор

Compleanno
День Народження

Amici	Друзі
Anno	Рік
Calendario	Календар
Candele	Свічки
Canzone	Пісня
Carte	Картки
Celebrazione	Святкування
Divertimento	Веселощі
Felice	Щасливий
Gioioso	Радісний
Giorno	День
Giovane	Молодий
Grande	Чудовий
Inviti	Запрошення
Nato	Народився
Regalo	Подарунок
Saggezza	Мудрість
Speciale	Особливий
Tempo	Час
Torta	Торт

Corpo Umano
Людське Тіло

Bocca	Рот
Caviglia	Щиколотки
Cervello	Мозок
Collo	Шия
Cuore	Серце
Dito	Палець
Faccia	Обличчя
Gamba	Нога
Ginocchio	Коліна
Gomito	Лікоть
Mano	Рука
Mento	Підборіддя
Naso	Ніс
Occhio	Око
Orecchio	Вухо
Pelle	Шкіра
Sangue	Кров
Spalla	Плече
Stomaco	Шлунок
Testa	Голова

Cucina
Кухня

Bacchette	Паличками
Bollitore	Чайник
Brocca	Глечик
Cibo	Їжа
Ciotola	Чаша
Coltelli	Ножі
Congelatore	Морозильник
Cucchiai	Ложки
Forchette	Вилки
Forno	Піч
Frigorifero	Холодильник
Grembiule	Фартух
Griglia	Гриль
Ricetta	Рецепт
Spezie	Спеції
Spugna	Губка
Tazze	Чашки
Tovagliolo	Серветка
Vaso	Глек

Danza
Танець

Accademia	Академія
Arte	Мистецтво
Classico	Класичний
Compagno	Партнер
Coreografia	Хореографія
Corpo	Тіло
Cultura	Культура
Culturale	Культурний
Emozione	Емоція
Espressivo	Виразний
Gioioso	Радісний
Grazia	Благодать
Movimento	Рух
Musica	Музика
Postura	Постава
Prova	Репетиція
Ritmo	Ритм
Tradizionale	Традиційний
Visivo	Візуальний

Dinosauri
Динозаври

Ali	Крила
Coda	Хвіст
Enorme	Величезний
Erbivoro	Травоїдні
Evoluzione	Еволюція
Grande	Великий
Mammut	Мамонт
Onnivoro	Всеїдний
Potente	Потужний
Preistorico	Доісторичний
Rettile	Рептилія
Scomparsa	Зникнення
Specie	Вид
Taglia	Розмір
Terra	Земля
Vizioso	Порочне

Discipline Scientifiche
Наукові Дисципліни

Anatomia	Анатомія
Archeologia	Археологія
Astronomia	Астрономія
Biochimica	Біохімія
Biologia	Біологія
Botanica	Ботаніка
Chimica	Хімія
Ecologia	Екологія
Fisiologia	Фізіологія
Geologia	Геологія
Immunologia	Імунологія
Linguistica	Лінгвістика
Meccanica	Механіка
Meteorologia	Метеорологія
Mineralogia	Мінералогія
Neurologia	Неврологія
Psicologia	Психологія
Sociologia	Соціологія
Termodinamica	Термодинаміка
Zoologia	Зоологія

Ecologia
Екологія

Clima	Клімат
Comunità	Громад
Fauna	Фауна
Flora	Флора
Globale	Глобальний
Marino	Морський
Montagne	Гори
Natura	Природа
Naturale	Природний
Palude	Болото
Piante	Рослини
Risorse	Ресурси
Siccità	Засуха
Sopravvivenza	Виживання
Specie	Вид
Vegetazione	Рослинність

Edifici
Будинки

Ambasciata	Посольство
Appartamento	Квартира
Cabina	Кабіна
Castello	Замок
Cinema	Кіно
Fabbrica	Фабрика
Fienile	Сарай
Hotel	Готель
Laboratorio	Лабораторія
Museo	Музей
Ospedale	Лікарня
Osservatorio	Обсерваторія
Ostello	Гуртожиток
Scuola	Школа
Stadio	Стадіон
Supermercato	Супермаркет
Teatro	Театр
Tenda	Намет
Torre	Вежа
Università	Університет

Emozioni
Емоції

Amore	Любов
Beatitudine	Блаженство
Calma	Спокійний
Contenuto	Зміст
Gentilezza	Доброта
Gioia	Радість
Grato	Вдячний
Noia	Нудьга
Pace	Мир
Paura	Страх
Rabbia	Гнів
Simpatia	Співчуття
Soddisfatto	Задоволений
Sorpresa	Сюрприз
Tenerezza	Ніжність
Tranquillità	Спокій
Tristezza	Смуток

Erboristeria
Травотравизм

Aglio	Часник
Aneto	Кріп
Aromatico	Ароматичний
Basilico	Василь
Culinario	Кулінарні
Dragoncello	Естрагон
Finocchio	Фенхель
Fiore	Квітка
Giardino	Сад
Ingrediente	Інгредієнт
Lavanda	Лаванда
Maggiorana	Майоран
Menta	М'Ята
Origano	Орегано
Prezzemolo	Петрушка
Qualità	Якість
Rosmarino	Розмарин
Timo	Чебрець
Verde	Зелений
Zafferano	Шафран

Escursionismo
Походи

Acqua	Вода
Animali	Тварин
Campeggio	Кемпінг
Clima	Клімат
Mappa	Карта
Meteo	Погода
Montagna	Гора
Natura	Природа
Orientamento	Орієнтація
Parchi	Парки
Pericoli	Небезпеки
Pesante	Важкий
Pietre	Камені
Preparazione	Підготовка
Selvaggio	Дикий
Sole	Сонце
Stanco	Втомився
Stivali	Чоботи
Vertice	Саміт

Estate
Літо

Amici	Друзі
Campeggio	Кемпінг
Casa	Дім
Cibo	Їжа
Famiglia	Родина
Giardino	Сад
Giochi	Ігри
Gioia	Радість
Immersione	Пірнання
Libri	Книги
Mare	Море
Musica	Музика
Ricordi	Спогади
Rilassamento	Розслаблення
Sandali	Сандалі
Spiaggia	Пляж
Stelle	Зірки
Tempo Libero	Дозвілля
Vacanza	Відпустка
Viaggio	Подорожувати

Famiglia
Сімейний

Antenato	Предок
Bambini	Діти
Bambino	Дитина
Cugino	Кузен
Figlia	Дочка
Fratello	Брат
Gemelli	Близнюки
Infanzia	Дитинство
Madre	Мати
Marito	Чоловік
Materno	Материнський
Moglie	Дружина
Nipote	Племінник
Nonna	Бабуся
Nonno	Дід
Padre	Батько
Paterno	Батьківський
Sorella	Сестра
Zia	Тітка
Zio	Дядько

Fantascienza
Наукова Фантастика

Atomico	Атомний
Cinema	Кіно
Distopia	Антиутопія
Esplosione	Вибух
Fantastico	Фантастичний
Fuoco	Вогонь
Futuristico	Футуристичний
Galassia	Галактика
Illusione	Ілюзія
Immaginario	Уявний
Libri	Книги
Misterioso	Таємничий
Mondo	Світ
Oracolo	Оракул
Pianeta	Планета
Realistico	Реалістичний
Robot	Роботи
Scenario	Сценарій
Tecnologia	Технологія
Utopia	Утопія

Fattoria #1
Ферма #1

Acqua	Вода
Ape	Бджола
Asino	Осел
Campo	Поле
Cane	Пес
Capra	Коза
Cavallo	Кінь
Fertilizzante	Добриво
Fieno	Сіно
Gatto	Кішка
Gregge	Зграя
Maiale	Свиня
Miele	Мед
Mucca	Корова
Pollo	Курка
Recinto	Паркан
Riso	Рис
Semi	Насіння
Terra	Земля
Vitello	Теля

Fattoria #2
Ферма #2

Agnello	Ягня
Agricoltore	Фермер
Alveare	Вулик
Anatra	Качка
Animali	Тварин
Cibo	Їжа
Fienile	Сарай
Frutta	Фрукт
Frutteto	Фруктовий Сад
Grano	Пшениця
Irrigazione	Зрошення
Lama	Лама
Latte	Молоко
Mais	Кукурудза
Oche	Гуси
Orzo	Ячмінь
Pastore	Пастух
Pecora	Вівця
Prato	Луг
Trattore	Трактор

Fiori
Квіти

Calendula	Календула
Dente di Leone	Кульбаба
Gardenia	Гарденія
Gelsomino	Жасмин
Giglio	Лілія
Girasole	Соняшник
Ibisco	Гібіскус
Lavanda	Лаванда
Lilla	Бузок
Magnolia	Магнолія
Margherita	Ромашка
Mazzo	Букет
Orchidea	Орхідея
Papavero	Мак
Peonia	Півонія
Petalo	Пелюстка
Plumeria	Плюмерія
Rosa	Троянда
Trifoglio	Конюшина
Tulipano	Тюльпан

Foresta Pluviale
Тропічний Ліс

Anfibi	Амфібії
Botanico	Ботанічний
Clima	Клімат
Comunità	Громада
Giungla	Джунглі
Indigeno	Корінні
Insetti	Комах
Mammiferi	Ссавці
Muschio	Мох
Natura	Природа
Nuvole	Хмари
Preservazione	Збереження
Prezioso	Цінний
Restauro	Реставрація
Rifugio	Притулок
Rispetto	Повага
Sopravvivenza	Виживання
Specie	Вид
Uccelli	Птах

Forme
Форми

Angolo	Кут
Arco	Дуга
Cerchio	Коло
Cilindro	Циліндр
Cono	Конус
Cubo	Куб
Curva	Крива
Ellisse	Еліпс
Iperbole	Гіпербола
Lato	Бік
Linea	Лінія
Ovale	Овальний
Piramide	Піраміда
Poligono	Багатокутник
Prisma	Призма
Quadrato	Площа
Rettangolo	Прямокутник
Rotondo	Круглий
Sfera	Сфера
Triangolo	Трикутник

Forniture Artistiche
Художні Товари

Acqua	Вода
Acquerelli	Акварелі
Acrilico	Акриловий
Argilla	Глина
Carta	Папір
Cavalletto	Мольберт
Colla	Клей
Colori	Кольори
Creatività	Творчість
Gomma	Гумка
Idee	Ідеї
Inchiostro	Чорнило
Matite	Олівці
Olio	Олія
Pastelli	Пастелі
Sedia	Крісло
Spazzole	Щітка
Tavolo	Таблиця
Telecamera	Камера
Vernici	Фарби

Frutta
Фрукти

Albicocca	Абрикос
Ananas	Ананас
Arancia	Оранжевий
Avocado	Авокадо
Bacca	Ягода
Banana	Банан
Ciliegia	Вишня
Kiwi	Ківі
Lampone	Малина
Limone	Лимон
Mango	Манго
Mela	Яблуко
Melone	Диня
Mora	Ожина
Nettarina	Нектарин
Papaia	Папайя
Pera	Груша
Pesca	Персик
Prugna	Слива
Uva	Виноград

Gatti
Кішки

Cacciatore	Мисливець
Coda	Хвіст
Curioso	Цікавий
Dormire	Спати
Filo	Пряжа
Giocoso	Грайливий
Indipendente	Незалежний
Pazzo	Божевільний
Pelliccia	Хутро
Personalità	Особистості
Poco	Маленький
Selvaggio	Дикий
Timido	Сором'Язливий
Topo	Миша
Veloce	Швидко
Zampa	Лапа

Geografia
Географія

Altitudine	Висота
Atlante	Атлас
Città	Місто
Continente	Континент
Emisfero	Півкуля
Fiume	Річка
Isola	Острів
Latitudine	Широта
Longitudine	Довгота
Mappa	Карта
Mare	Море
Meridiano	Меридіан
Mondo	Світ
Montagna	Гора
Nord	Північ
Ovest	Захід
Paese	Країна
Regione	Регіон
Sud	Південь
Territorio	Територія

Geologia
Геологія

Acido	Кислота
Altopiano	Плато
Calcio	Кальцій
Caverna	Печера
Continente	Континент
Corallo	Кораловий
Cristalli	Кристали
Erosione	Ерозія
Fossile	Викопний
Geyser	Гейзер
Lava	Лава
Minerali	Мінерали
Pietra	Камінь
Quarzo	Кварц
Sale	Сіль
Stalagmiti	Сталагміти
Stalattite	Сталактит
Strato	Шар
Terremoto	Землетрус
Vulcano	Вулкан

Giardino
Сад

Albero	Дерево
Amaca	Гамак
Cespuglio	Кущ
Erba	Трава
Erbacce	Бур'Янів
Fiore	Квітка
Frutteto	Фруктовий Сад
Garage	Гараж
Giardino	Сад
Pala	Лопата
Panca	Лава
Prato	Газон
Rastrello	Граблі
Recinto	Паркан
Stagno	Ставок
Suolo	Ґрунт
Terrazza	Тераса
Trampolino	Батут
Tubo	Шланг
Vite	Лоза

Giocattoli
Іграшки

Aereo	Літак
Argilla	Глина
Artigianato	Ремесла
Auto	Автомобіль
Bambola	Лялька
Barca	Човен
Batteria	Барабани
Bicicletta	Велосипед
Camion	Вантажівка
Giochi	Ігри
Immaginazione	Уява
Libri	Книги
Palla	М'Яч
Preferito	Улюблений
Puzzle	Головоломка
Robot	Робот
Scacchi	Шахи
Treno	Поїзд
Vernici	Фарби

Giorni e Mesi
Дні та Місяці

Agosto	Серпень
Anno	Рік
Aprile	Квітень
Calendario	Календар
Dicembre	Грудень
Domenica	Неділя
Febbraio	Лютий
Gennaio	Січень
Giugno	Червень
Luglio	Липень
Lunedì	Понеділок
Martedì	Вівторок
Mercoledì	Середа
Mese	Місяць
Novembre	Листопад
Ottobre	Жовтень
Sabato	Субота
Settembre	Вересень
Settimana	Тиждень
Venerdì	П'Ятниця

Guida
Водіння

Auto	Автомобіль
Autobus	Автобус
Carburante	Паливо
Freni	Гальма
Garage	Гараж
Gas	Газ
Incidente	Аварія
Licenza	Ліцензія
Mappa	Карта
Moto	Мотоцикл
Motore	Мотор
Pedonale	Пішохід
Pericolo	Небезпека
Polizia	Поліція
Sicurezza	Безпека
Strada	Дорога
Traffico	Трафік
Trasporto	Транспорт
Tunnel	Тунель
Velocità	Швидкість

Imbarcazioni
Катери

Albero	Щогла
Ancora	Якір
Barca a Vela	Вітрильник
Boa	Буй
Canoa	Каное
Corda	Мотузка
Equipaggio	Екіпаж
Fiume	Річка
Kayak	Каяк
Lago	Озеро
Mare	Море
Marea	Приплив
Marinaio	Моряк
Motore	Двигун
Nautico	Морські
Oceano	Океан
Onde	Хвилі
Traghetto	Пором
Yacht	Яхта
Zattera	Пліт

Insetti
Комахи

Afide	Попелиця
Ape	Бджола
Calabrone	Шершень
Cavalletta	Коник
Cicala	Цикада
Coccinella	Сонечко
Coleottero	Жук
Farfalla	Метелик
Formica	Мураха
Larva	Личинка
Libellula	Бабка
Locusta	Сарана
Mantide	Богомол
Moscerino	Гнат
Pulce	Блоха
Scarafaggio	Тарган
Termite	Терміт
Verme	Хробак
Vespa	Оса
Zanzara	Комар

Letteratura
Література

Analisi	Аналіз
Analogia	Аналогія
Aneddoto	Анекдот
Autore	Автор
Biografia	Біографія
Conclusione	Висновок
Confronto	Порівняння
Descrizione	Опис
Dialogo	Діалог
Genere	Жанр
Metafora	Метафора
Opinione	Думка
Poesia	Вірш
Poetico	Поетичний
Rima	Рима
Ritmo	Ритм
Romanzo	Роман
Stile	Стиль
Tema	Тема
Tragedia	Трагедія

Libri
Книги

Autore	Автор
Avventura	Пригода
Collezione	Колекція
Contesto	Контекст
Dualità	Подвійність
Epico	Епопеї
Immersione	Занурення
Letterario	Літературний
Lettore	Читач
Narratore	Оповідач
Pagina	Сторінка
Poesia	Вірш
Rilevante	Відповідні
Romanzo	Роман
Scritto	Написана
Serie	Серія
Storia	Історія
Storico	Історичний
Tragico	Трагічний
Umoristico	Гумористичний

Mammiferi
Ссавці

Balena	Кит
Cane	Пес
Canguro	Кенгуру
Cavallo	Кінь
Cervo	Олень
Coniglio	Кролик
Coyote	Койот
Delfino	Дельфін
Elefante	Слон
Gatto	Кішка
Giraffa	Жираф
Gorilla	Горила
Leone	Лев
Lupo	Вовк
Orso	Ведмідь
Pecora	Вівця
Scimmia	Мавпа
Toro	Бик
Volpe	Лисиця
Zebra	Зебра

Matematica
Математика

Angoli	Кути
Aritmetica	Арифметика
Circonferenza	Округ
Decimale	Десятковий
Diametro	Діаметр
Equazione	Рівняння
Esponente	Показник
Geometria	Геометрія
Parallelo	Паралельний
Parallelogramma	Паралелограм
Perimetro	Периметр
Poligono	Багатокутник
Quadrato	Площа
Raggio	Радіус
Rettangolo	Прямокутник
Sfera	Сфера
Simmetria	Симетрія
Somma	Сума
Triangolo	Трикутник
Volume	Обсяг

Meditazione
Медитація

Accettazione	Прийняття
Attenzione	Увага
Calma	Спокійний
Chiarezza	Ясність
Compassione	Співчуття
Emozioni	Емоції
Gentilezza	Доброта
Gratitudine	Подяка
Mentale	Розумовий
Mente	Розум
Movimento	Рух
Musica	Музика
Natura	Природа
Osservazione	Спостереження
Pace	Мир
Pensieri	Думки
Postura	Постава
Prospettiva	Перспектива
Respirazione	Дихання
Silenzio	Тиша

Meteo
Погода

Arcobaleno	Веселка
Asciutto	Сухі
Atmosfera	Атмосфера
Brezza	Бриз
Cielo	Небо
Clima	Клімат
Fulmine	Блискавка
Ghiaccio	Лід
Monsone	Мусон
Nebbia	Туман
Nube	Хмара
Polare	Полярний
Siccità	Посуха
Temperatura	Температура
Tempesta	Бур
Tornado	Торнадо
Tropicale	Тропічний
Tuono	Грим
Uragano	Ураган
Vento	Вітер

Misurazioni
Вимірювання

Altezza	Висота
Byte	Байт
Centimetro	Сантиметр
Chilogrammo	Кілограм
Chilometro	Кілометр
Decimale	Десятковий
Grado	Ступінь
Grammo	Грам
Larghezza	Ширина
Litro	Літр
Lunghezza	Довжина
Metro	Метр
Minuto	Хвилина
Oncia	Унція
Peso	Вага
Pinta	Пінта
Pollice	Дюйм
Profondità	Глибина
Tonnellata	Тонна
Volume	Обсяг

Mitologia
Міфологія

Archetipo	Архетип
Comportamento	Поведінка
Creatura	Істота
Creazione	Створення
Cultura	Культура
Disastro	Лихо
Divinità	Божества
Eroe	Герой
Forza	Сила
Fulmine	Блискавка
Gelosia	Ревнощі
Guerriero	Воїн
Immortalità	Безсмертя
Labirinto	Лабіринт
Leggenda	Легенда
Magico	Чарівний
Mortale	Смертний
Mostro	Монстр
Tuono	Грім
Vendetta	Помста

Mobili
Меблі

Amaca	Гамак
Cuscini	Подушки
Cuscino	Подушка
Divano	Диван
Futon	Футон
Lampada	Лампа
Letto	Ліжко
Libreria	Книжкова Шафа
Materasso	Матрац
Panca	Лава
Scaffali	Полиці
Scrivania	Бюро
Sedia	Крісло
Specchio	Дзеркало
Tappeto	Килимок
Tende	Штори

Natura
Природа

Animali	Тварин
Api	Бджіл
Artico	Арктичний
Bellezza	Краса
Deserto	Пустеля
Dinamico	Динамічний
Erosione	Ерозія
Fiume	Річка
Fogliame	Листя
Foresta	Ліс
Ghiacciaio	Льодовик
Montagne	Гори
Nebbia	Туман
Nuvole	Хмари
Rifugio	Притулок
Santuario	Святилище
Scogliere	Скелі
Selvaggio	Дикий
Sereno	Безтурботний
Tropicale	Тропічний

Numeri
Числа

Cinque	П'Ять
Decimale	Десятковий
Diciannove	Дев'Ятнадцять
Diciassette	Сімнадцять
Diciotto	Вісімнадцять
Dieci	Десять
Dodici	Дванадцять
Due	Два
Nove	Дев'Ять
Otto	Вісім
Quattordici	Чотирнадцять
Quattro	Чотири
Quindici	П'Ятнадцять
Sedici	Шістнадцять
Sei	Шість
Sette	Сім
Tre	Три
Tredici	Тринадцять
Venti	Двадцять
Zero	Нуль

Nutrizione
Харчування

Amaro	Гіркий
Appetito	Апетит
Bilanciato	Збалансований
Calorie	Калорій
Carboidrati	Вуглеводів
Commestibile	Їстівний
Dieta	Дієта
Digestione	Травлення
Fermentazione	Бродіння
Liquidi	Рідини
Nutriente	Поживний
Peso	Вага
Proteine	Білки
Qualità	Якість
Salsa	Соус
Salute	Здоров'Я
Sano	Здоровий
Spezie	Спеції
Tossina	Токсин
Vitamina	Вітамін

Oceano
Океан

Anguilla	Вугор
Balena	Кит
Barca	Човен
Corallo	Кораловий
Delfino	Дельфін
Gamberetto	Креветки
Granchio	Краб
Maree	Припливи
Medusa	Медуза
Onde	Хвилі
Ostrica	Устриця
Pesce	Риба
Polpo	Восьминіг
Sale	Сіль
Scogliera	Риф
Spugna	Губка
Squalo	Акула
Tartaruga	Черепаха
Tempesta	Буря
Tonno	Тунець

Paesaggi
Пейзажі

Cascata	Водоспад
Collina	Пагорб
Deserto	Пустеля
Fiume	Річка
Geyser	Гейзер
Ghiacciaio	Льодовик
Grotta	Печера
Iceberg	Айсберг
Isola	Острів
Lago	Озеро
Mare	Море
Montagna	Гора
Oasi	Оазис
Oceano	Океан
Palude	Болото
Penisola	Півострів
Spiaggia	Пляж
Tundra	Тундра
Valle	Долина
Vulcano	Вулкан

Paesi #2
Країни #2

Albania	Албанія
Danimarca	Данія
Etiopia	Ефіопія
Giamaica	Ямайка
Giappone	Японія
Grecia	Греція
Haiti	Гаїті
Indonesia	Індонезія
Irlanda	Ірландія
Laos	Лаос
Liberia	Ліберія
Messico	Мексика
Nepal	Непал
Nigeria	Нігерія
Pakistan	Пакистан
Russia	Росія
Siria	Сирія
Sudan	Судан
Ucraina	Україна
Uganda	Уганда

Pesca
Риболовля

Acqua	Вода
Attrezzatura	Обладнання
Barca	Човен
Branchie	Зябра
Cesto	Кошик
Cucinare	Кухар
Esagerazione	Перебільшення
Esca	Принада
Filo	Дріт
Fiume	Річка
Gancio	Гак
Lago	Озеро
Mascella	Щелепа
Oceano	Океан
Pazienza	Терпіння
Peso	Вага
Spiaggia	Пляж
Stagione	Сезон

Piante
Рослини

Albero	Дерево
Bacca	Ягода
Bambù	Бамбук
Botanica	Ботаніка
Cactus	Кактус
Cespuglio	Кущ
Crescere	Рости
Edera	Плющ
Erba	Трава
Fagiolo	Квасоля
Fertilizzante	Добриво
Fiore	Квітка
Flora	Флора
Fogliame	Листя
Foresta	Ліс
Giardino	Сад
Muschio	Мох
Petalo	Пелюстка
Radice	Корінь
Vegetazione	Рослинність

Pirati
Пірати

Ancora	Якір
Avventura	Пригода
Bandiera	Прапор
Bussola	Компас
Capitano	Капітан
Cattivo	Поганий
Cicatrice	Шрам
Equipaggio	Екіпаж
Grotta	Печера
Isola	Острів
Leggenda	Легенда
Mappa	Карта
Monete	Монети
Oro	Золото
Pappagallo	Папуга
Pericolo	Небезпека
Rum	Ром
Spada	Меч
Spiaggia	Пляж
Tesoro	Скарб

Professioni #1
Професії #1

Allenatore	Тренер
Ambasciatore	Посол
Artista	Художник
Astronomo	Астроном
Avvocato	Адвокат
Ballerino	Танцюрист
Banchiere	Банкір
Cacciatore	Мисливець
Cartografo	Картограф
Editore	Редактор
Farmacista	Фармацевт
Geologo	Геолог
Gioielliere	Ювелір
Idraulico	Сантехнік
Infermiera	Медсестра
Musicista	Музикант
Pianista	Піаніст
Psicologo	Психолог
Scienziato	Вчений
Veterinario	Ветеринар

Professioni #2
Професії #2

Astronauta	Астронавт
Bibliotecario	Бібліотекар
Biologo	Біолог
Chirurgo	Хірург
Dentista	Стоматолог
Filosofo	Філософ
Fotografo	Фотограф
Giardiniere	Садівник
Giornalista	Журналіст
Illustratore	Ілюстратор
Ingegnere	Інженер
Insegnante	Вчитель
Inventore	Винахідник
Investigatore	Слідчий
Linguista	Лінгвіст
Medico	Лікар
Pilota	Пілот
Pittore	Художник
Ricercatore	Дослідник
Zoologo	Зоолог

Riempire
Заповнити

Bacino	Басейн
Barile	Бочка
Borsa	Сумка
Bottiglia	Пляшка
Busta	Конверт
Cartella	Папка
Cartone	Коробка
Cassetto	Шухляда
Cesto	Кошик
Pacchetto	Пакет
Scatola	Ящик
Secchio	Відро
Tasca	Кишеня
Tubo	Труба
Valigia	Валіза
Vasca	Ванна
Vaso	Ваза
Vassoio	Лоток

Ristorante #1
Ресторан #1

Allergia	Алергія
Caffè	Кава
Cameriera	Офіціантка
Carne	М'Ясо
Cassiere	Касир
Cibo	Їжа
Ciotola	Чаша
Coltello	Ніж
Cucina	Кухня
Dessert	Десерт
Ingredienti	Інгредієнти
Menù	Меню
Pane	Хліб
Piatto	Тарілка
Piccante	Гострий
Pollo	Курка
Prenotazione	Бронювання
Salsa	Соус
Tovagliolo	Серветка

Ristorante #2
Ресторан #2

Acqua	Вода
Aperitivo	Закуска
Bevanda	Напій
Cameriere	Офіціант
Cena	Вечеря
Cucchiaio	Ложка
Delizioso	Смачний
Forchetta	Вилка
Frutta	Фрукт
Ghiaccio	Лід
Insalata	Салат
Minestra	Суп
Pesce	Риба
Pranzo	Обід
Sale	Сіль
Sedia	Крісло
Spezie	Спеції
Torta	Торт
Uova	Яйця
Verdure	Овочі

Scacchi
Шахи

Avversario	Опонент
Bianco	Білий
Campione	Чемпіон
Concorso	Конкурс
Diagonale	Діагональ
Giocatore	Гравець
Gioco	Гра
Intelligente	Розумний
Nero	Чорний
Passivo	Пасивний
Re	Король
Regina	Королева
Regole	Правила
Sacrificio	Жертвувати
Sfide	Проблеми
Strategia	Стратегія
Tempo	Час
Torneo	Турнір

Scienza
Наукова

Atomo	Атом
Chimico	Хімічні
Clima	Клімат
Dati	Дані
Esperimento	Експеримент
Evoluzione	Еволюція
Fatto	Факт
Fisica	Фізика
Fossile	Викопний
Gravità	Гравітація
Ipotesi	Гіпотеза
Laboratorio	Лабораторія
Metodo	Метод
Minerali	Мінерали
Molecole	Молекули
Natura	Природа
Organismo	Організм
Osservazione	Спостереження
Particelle	Частинки
Scienziato	Вчений

Scuola #1
Школа #1

Alfabeto	Алфавіт
Amici	Друзі
Aula	Клас
Biblioteca	Бібліотека
Carta	Папір
Cartelle	Папки
Divertimento	Веселощі
Esami	Іспити
Insegnante	Вчитель
Libri	Книги
Marcatori	Маркери
Matematica	Математика
Matita	Олівець
Penne	Ручки
Pranzo	Обід
Risposte	Відповіді
Scrivania	Бюро
Scrivere	Писати
Sedia	Крісло

Scuola #2
Школа #2

Accademico	Академічний
Autobus	Автобус
Biblioteca	Бібліотека
Calendario	Календар
Carta	Папір
Computer	Комп'Ютер
Dizionario	Словник
Educazione	Освіта
Forbici	Ножиці
Giochi	Ігри
Grammatica	Граматика
Insegnante	Вчитель
Letteratura	Література
Lettura	Читання
Libri	Книги
Matematica	Математика
Matita	Олівець
Scarpe	Взуття
Scienza	Наука
Zaino	Рюкзак

Spezie
Спеції

Aglio	Часник
Amaro	Гіркий
Anice	Аніс
Cannella	Кориця
Cardamomo	Кардамон
Cipolla	Цибуля
Coriandolo	Коріандр
Cumino	Кмин
Curcuma	Куркума
Curry	Каррі
Dolce	Солодкий
Finocchio	Фенхель
Gusto	Аромат
Liquirizia	Солодка
Paprika	Паприка
Pepe	Перець
Sale	Сіль
Vaniglia	Ванілі
Zafferano	Шафран
Zenzero	Імбир

Spiaggia
Пляжний

Asciugamano	Рушник
Barca	Човен
Barca a Vela	Вітрильник
Blu	Синій
Costa	Узбережжя
Dock	Док
Granchio	Краб
Isola	Острів
Laguna	Лагуна
Mare	Море
Nuotare	Плавати
Oceano	Океан
Ombrello	Парасолька
Sabbia	Пісок
Sandali	Сандалі
Scogliera	Риф
Sole	Сонце
Vacanza	Відпустка

Sport
Спортивний

Allenatore	Тренер
Arbitro	Суддя
Atleta	Спортсмен
Baseball	Бейсбол
Basket	Баскетбол
Bicicletta	Велосипед
Campionato	Чемпіонат
Ginnastica	Гімнастика
Giocatore	Гравець
Gioco	Гра
Golf	Гольф
Hockey	Хокей
Movimento	Рух
Nuotare	Плавати
Palestra	Гімназія
Squadra	Команда
Stadio	Стадіон
Tennis	Теніс
Vincitore	Переможець

Strumenti Musicali
Музичні Інструменти

Armonica	Гармоніка
Arpa	Арфа
Bacchette	Гомілки
Banjo	Банджо
Chitarra	Гітара
Clarinetto	Кларнет
Fagotto	Фагот
Flauto	Флейта
Gong	Гонг
Mandolino	Мандоліна
Oboe	Гобой
Percussione	Удар
Pianoforte	Фортепіано
Sassofono	Саксофон
Tamburello	Бубон
Tamburo	Барабан
Tromba	Труба
Trombone	Тромбон
Violino	Скрипка
Violoncello	Віолончель

Surf
Серфінг

Atleta	Спортсмен
Campione	Чемпіон
Divertimento	Веселощі
Folla	Натовп
Forza	Сила
Meteo	Погода
Nuotare	Плавати
Oceano	Океан
Onda	Хвиля
Pagaia	Весло
Popolare	Популярний
Principiante	Новачок
Schiuma	Піна
Scogliera	Риф
Spiaggia	Пляж
Spray	Спрей
Stile	Стиль
Stomaco	Шлунок
Velocità	Швидкість

Tecnologia
Технології

Blog	Блог
Browser	Браузер
Byte	Байт
Computer	Комп'Ютер
Cursore	Курсор
Dati	Дані
Digitale	Цифровий
File	Файл
Font	Шрифт
Internet	Інтернет
Messaggio	Повідомлення
Ricerca	Дослідження
Schermo	Екран
Sicurezza	Безпека
Statistiche	Статистика
Telecamera	Камера
Virtuale	Віртуальний
Virus	Вірус

Tempo
Час

Anno	Рік
Annuale	Щорічний
Calendario	Календар
Decennio	Десятиліття
Dopo	Після
Futuro	Майбутнє
Giorno	День
Ieri	Вчора
Mattina	Ранок
Mese	Місяць
Mezzogiorno	Полудень
Minuto	Хвилина
Notte	Ніч
Oggi	Сьогодні
Ora	Година
Orologio	Годинник
Presto	Скоро
Prima	До
Secolo	Століття
Settimana	Тиждень

Tipi di Capelli
Типи Волосся

Argento	Срібло
Asciutto	Сухий
Bianco	Білий
Biondo	Блондин
Breve	Короткий
Calvo	Лисий
Grigio	Сірий
Intrecciato	Плетений
Liscio	Гладкий
Lungo	Довгий
Marrone	Коричневий
Morbido	М'Який
Nero	Чорний
Ondulato	Хвилястий
Riccio	Кучерявий
Riccioli	Кучер
Sano	Здоровий
Sottile	Тонкий
Spessore	Товстий
Trecce	Коси

Uccelli
Птахи

Airone	Чапля
Anatra	Качка
Aquila	Орел
Cicogna	Лелека
Cigno	Лебідка
Cuculo	Зозуля
Falco	Яструб
Fenicottero	Фламінго
Gabbiano	Чайка
Oca	Гуска
Pappagallo	Папуга
Passero	Горобець
Pavone	Павич
Pellicano	Пелікан
Piccione	Голуб
Pinguino	Пінгвін
Pollo	Курка
Struzzo	Страус
Tucano	Тукан
Uovo	Яйце

Vacanze #2
Відпустка #2

Aeroporto	Аеропорт
Campeggio	Кемпінг
Destinazione	Призначення
Foto	Фото
Hotel	Готель
Isola	Острів
Mappa	Карта
Mare	Море
Passaporto	Паспорт
Ristorante	Ресторан
Spiaggia	Пляж
Straniero	Іноземець
Taxi	Таксі
Tempo Libero	Дозвілля
Tenda	Намет
Trasporto	Транспорт
Treno	Поїзд
Vacanza	Свято
Viaggio	Подорож
Visto	Віза

Veicoli
Автомобілі

Aereo	Літак
Auto	Автомобіль
Autobus	Автобус
Barca	Човен
Bicicletta	Велосипед
Camion	Вантажівка
Caravan	Караван
Elicottero	Вертоліт
Furgone	Фургон
Metropolitana	Метро
Motore	Двигун
Navetta	Човник
Pneumatici	Шини
Razzo	Ракета
Scooter	Скутер
Taxi	Таксі
Traghetto	Пором
Trattore	Трактор
Treno	Поїзд
Zattera	Пліт

Verdure
Овочі

Aglio	Часник
Broccolo	Броколі
Carciofo	Артишок
Carota	Морква
Cetriolo	Огірок
Cipolla	Цибуля
Fungo	Гриб
Insalata	Салат
Melanzana	Баклажан
Patata	Картопля
Pisello	Горох
Pomodoro	Помідор
Prezzemolo	Петрушка
Rapa	Ріпа
Ravanello	Редис
Scalogno	Шалот
Sedano	Селера
Spinaci	Шпинат
Zenzero	Імбир
Zucca	Гарбуз

Vestiti
Одяг

Abito	Плаття
Braccialetto	Браслет
Camicetta	Блузка
Camicia	Сорочка
Cappello	Капелюх
Cappotto	Пальто
Cintura	Пояс
Collana	Намисто
Giacca	Куртка
Gonna	Спідниця
Grembiule	Фартух
Guanti	Рукавички
Jeans	Джинси
Maglione	Светр
Moda	Мода
Pantaloni	Штани
Pigiama	Піжама
Sandali	Сандалі
Scarpa	Взуття
Sciarpa	Шарф

Virtù #1
Чесноти #1

Affascinante	Чарівний
Affidabile	Надійні
Appassionato	Пристрасний
Artistico	Художній
Buono	Хороший
Curioso	Цікавий
Decisivo	Вирішальний
Efficiente	Ефективний
Generoso	Щедрий
Indipendente	Незалежний
Intelligente	Розумний
Modesto	Скромний
Paziente	Пацієнт
Pratico	Практичний
Pulito	Чистий
Saggio	Мудрий
Utile	Корисний

Congratulazioni

Ce l'hai fatta!

Speriamo che questo libro vi sia piaciuto tanto quanto a noi è piaciuto concepirlo. Ci sforziamo di creare libri della più alta qualità possibile.
Questa edizione è progettata per fornire un apprendimento intelligente, di qualità e divertente!

Le è piaciuto questo libro?

Una Semplice Richiesta

Questi libri esistono grazie alle recensioni che pubblicate.

Puoi aiutarci lasciando una recensione
ora a questo link ?

BestBooksActivity.com/Recensioni50

SFIDA FINALE!

Sfida n°1

Sei pronto per il tuo gioco gratuito? Li usiamo sempre, ma non sono così facili da trovare - ecco i **Sinonimi!**

Scrivi 5 parole che hai trovato nei puzzle (n° 21, n° 36, n° 76) e prova a trovare 2 sinonimi per ogni parola.

*Scrivi 5 parole del **Puzzle 21***

Parole	Sinonimo 1	Sinonimo 2

*Scrivi 5 parole del **Puzzle 36***

Parole	Sinonimo 1	Sinonimo 2

*Scrivi 5 parole del **Puzzle 76***

Parole	Sinonimo 1	Sinonimo 2

Sfida n°2

Ora che ti sei riscaldato, scrivi 5 parole che hai trovato nei puzzle n° 9, n° 17 e n° 25 e cerca di trovare 2 contrari per ogni parola. Quanti ne puoi trovare in 20 minuti?

Scrivi 5 parole del **Puzzle 9**

Parole	Antonimo 1	Antonimo 2

Scrivi 5 parole del **Puzzle 17**

Parole	Antonimo 1	Antonimo 2

Scrivi 5 parole del **Puzzle 25**

Parole	Antonimo 1	Antonimo 2

Sfida n°3

Grande! Questa sfida non è niente per te!

Pronto per la sfida finale? Scegli 10 parole che hai scoperto nei diversi puzzle e scrivile qui sotto.

1.	6.
2.	7.
3.	8.
4.	9.
5.	10.

Ora scrivi un testo pensando a una persona, un animale o un luogo che ti piace.

Puoi usare l'ultima pagina di questo libro come bozza.

La tua composizione:

TACCUINO:

A PRESTO!

Tutta la Squadra

SCOPRIRE GIOCHI GRATIS

GO

↓

BESTACTIVITYBOOKS.COM/FREEGAMES